トレーニングノートα

基本漢文句法

はじめに

本書は、漢文を初めて本格的に学習する人のための入門書として編集しました。したがって、収録してある句形は高校の漢文の教科書に出てくるものを中心とし、大学入試用の参考書などで扱われていても、教科書や大学入試などではほとんど出てこない句形などは省略してあります。書名の通り、「基本漢文句法」の学習に徹しています。

本書に収めてある漢文の知識を繰り返し学習し、基本的な句形を覚えてしまえば、高校での定期試験や大学入試レベルの問題を解くだけの実力は必ずつきます。

漢文の句形には、いわゆる漢文口調といわれる、独特のリズムのあるものが多いので、句形を覚えるときは声を出して繰り返し読み、耳からも覚えるようにしてください。この実践が漢文学習を効果的なものにし、知識の定着の確率も高まります。ぜひ、実行してみてください。

本書の構成と使い方

① 本書の構成は、見開き2ページかつ上下2段組で、ひとまとまりになっています。

② 〈上段〉には、例文とともに漢文の基礎知識を簡潔にまとめてあります。したがって、漢文の基礎知識をしっかり学びたい場合は、まず、〈上段〉で知識を確認してください。

③ すべての知識を一度で覚えるのは困難です。覚えていない知識が出てきた場合は、マーカーなどで印をつけ、繰り返し見直してください。

④ 〈下段〉には、〈上段〉に関する設問を収めてあります。したがって、〈上段〉の知識が学習済みの場合は、先に〈下段〉の問題を解いてみてください。短期間で漢文の知識が再確認できます。

⑤ すべての設問に解答欄がついています。必ず解答欄に書き込みながら答えるようにしてください。

⑥ 解答・解説編は、見やすいように別冊になっています。[解答] 以外に、設問を解くうえで注意すべきことを[解説]として入れてあります。

⑦ 本冊と解答・解説編で示してある書き下し文には、参考までにすべての漢字に振り仮名をつけてあります。

⑧ 本書の振り仮名の表記は、原文である漢文は歴史的仮名遣いに、書き下し文は現代仮名遣いに統一してあります。

目次

1 漢文訓読の基礎 ①　**1** 訓読と訓点　**2** 送り仮名　●送り仮名のつけかた　●送り仮名の原則 …… 4

2 漢文訓読の基礎 ②　**3** 返り点（①レ点　②一二点　③レ点と一二点　④レ点と一点〈レ〉　⑤上中下点）…… 6

3 漢文訓読の基礎 ③　**4** 書き下し文　●書き下し文の原則　**5** 置き字　●主な置き字（而・於・于・乎・焉・矣）…… 8

4 再読文字 ①　●再読文字の読みかたと表記のしかた　●再読文字(1)（①未　②将・且　③当・応）…… 10

5 再読文字 ②　●再読文字(2)（④猶・由　⑤須　⑥宜　⑦盍）…… 12

6 否定の句形 ①　●単純な否定（①不　②弗　③非　④無　⑤莫）●再読文字を用いた否定（①未　②盍）…… 14

7 否定の句形 ②　●否定語を用いた禁止（①無　②勿　③莫）…… 16

●否定語を重ねた二重否定（①無不　②莫非　③非不　④非無）…… 17

8 否定の句形 ③　●部分否定と全部否定の違い　●副詞の送り仮名の違い …… 18

●部分否定（①不常　②不必　③不復）…… 19

9 疑問の句形 ①　●疑問詞(1)（①何《ゾ》　②何《ヲカ》　③何《レノ》　④安　⑤誰　⑥孰　⑦何為）…… 20

●疑問詞(2)（⑧何以　⑨何如　⑩如―何）…… 22

10 疑問の句形 ②　●疑問の助字（①乎　②与）●疑問の助字の読み分けかた …… 23

11 疑問の句形 ③　●疑問詞と疑問の助字の組み合わせ（①何―也　②―何也　③安―哉　④何為―也　⑤何以―乎）…… 24

12 反語の句形①

●反語と疑問の違いは文末で決まる……26
●疑問詞で反語を表す（①何 ②誰 ③安 ④何為）……27

13 反語の句形②

●反語の助字（乎）……28
●疑問詞と疑問の助字の組み合わせ（①何―乎 ②安―乎 ③何為―也）……28

14 反語の句形③

●反語独自の句形（①豈―乎 ②敢不―乎 ③独―乎 ④不亦―乎）……30

15 使役の句形

●使役の助字（使） ●使役を暗示する動詞（①命 ②説 ③遣） ●文意から使役に読む……32

16 受身の句形

●受身の助字（見） ●置き字で受身を表す（於）……34
●「為A所B」で受身を表す ●文意から受身に読む……35

17 比較・選択の句形

1 比較の句形 ●比較の置き字（於） ●二字で比較を表す（①不如 ②莫如）……36
2 選択の句形（①寧A無B ②与A寧B）……37

18 限定の句形

●限定の副詞（①但 ②独）……38
●限定の助字（耳・已・爾・而已・而已矣） ●限定の副詞と助字の組み合わせ（直―耳）……39

19 仮定の句形

●仮定の副詞（①如 ②苟 ③縦） ●使役形で仮定を表す（使） ●文意から仮定に読む……40

20 抑揚の句形

●副詞と助字の組み合わせ（①A、B、況C乎 ②A［猶／且］B、況C乎 ③A［猶／且］B、安C乎）……42

21 詠嘆（感嘆）の句形

●文頭の感動詞（嗚呼・噫） ●感動の助字を文末に用いる（哉）……44
●疑問や反語を用いて感動を表す（①何―也 ②豈不―哉 ③不亦―乎）……45

22 願望の句形

●願望の動詞（①願 ②請 ③庶幾 ④欲）……46

1 漢文訓読の基礎 ①

▼漢文とは、中国の古典の文章のことである。日本語と言語構造が違う中国語を読解するために、もとの中国の文章（漢文）の形をそのまま残しながら、日本語として訓読するという方法を考え出したのである。

1 訓読と訓点

① 百 聞 不 如 一 見 ＝白文

② 百 聞ハ 不レ 如カ二 一 見ニ一。＝訓読文

③ 百聞は一見に如《し》かず。＝書き下し文

訳 百回聞くことは、一回見ることには及ばない。

◆漢字だけの①の文を**白文**《はくぶん》という。「レ・一・二」などの**返り点**や「ハ・カ・ニ」などの**送り仮名**、**句読点**をつけて、日本文として読めるようにしたものが②の文である。

◆このように工夫して読むことを**訓読**と言い、返り点・送り仮名・句読点を合わせて**訓点**と言う。訓点をつけた漢文を**訓読文**と言い、教科書ではふつう、この形で載せられている。訓点に従って③のように、日本文に直した文章を**書き下し文**と言う。

◆仮名遣いや活用語尾などの**送り仮名**は、**古典文法のきまり**に従う。漢文につける振り仮名も**歴史的仮名遣い**に従う。（例 遂《つひ》ニ・況《いは》ンヤ）

2 送り仮名

◆漢文は、活用がなく、助動詞や助詞にあたる語も少ないため、日本文として読めるように活用語尾や助動詞・助詞などを補う必要がある。これらを**送り仮名**と言う。

基礎トレーニング

❶ 次の漢文の□に送り仮名を入れなさい。

① 天《てん》□ 長《なが》□ 地《ち》□ 久《ひさ》□。

天□ 長□ 地□ 久。□

訳 天地は永久である。

② 独《ひと》□ 立《た》□ 独《ひと》□ 歩《あゆ》□。

独□ 立□ 独□ 歩。□

訳 人に頼らないで、自分の力で信じる道を行くこと。

③ 日《ひ》 暮《く》□□、途《みち》 遠《とほ》□。（途＝道）

日 暮、□□ 途 遠。□

訳 (1)年老いてしまったのに、やるべきことがたくさん残っていることのたとえ。
(2)期限が迫っているのに、仕事がいっこうにはかどっていないことのたとえ。

● 送り仮名のつけかた

(1) **漢字の右下に小さくつける。**
(2) **必ずカタカナでつける。**
(3) **古典文法のきまりに従ってつける。**
(4) **歴史的仮名遣いでつける。** 例 習フ

● 送り仮名の原則

(1) 活用する語は、活用する部分(活用語尾)を送る。
例 花開キ鳥鳴ク。
(2) 意味上必要な助詞・助動詞を送る。
例 孔子ハ聖人ナリ。
(3) 名詞から転じた動詞は、文意に合わせて送る。
例 大器ハ晩成ス。
(4) 副詞・接続詞は、原則として最後の一字を送る。
例 **必ズ・復《ま》タ・則《すなは》チ・乃《すなは》チ・且《か》ツ・若《も》シ・唯《た》ダ・豈《あ》ニ**
(5) 助詞・助動詞にあたる次のような文字は、そのまま読み、上の語には送り仮名を送らない。
例 **之《の》・者《は》・也《なり》・乎《か》・哉《や》・耳《のみ》**
(6) 助動詞にあたる「**不《ず》・見《る》・被《る》**」や、下二段動詞「**得《う》・経《ふ》**」の終止形には送り仮名を送らない。
(7) 会話文・引用文の終わりには「ト」を送る。
例 王曰《い》ハク、「諾《だく》。」ト
(8) 特別な読み方をする**再読文字**については、10〜13ページ参照。

---

❷ 次の読み方に従って、漢文に送り仮名をつけなさい。

① 国破《くにやぶ》れて山河《さんが》在《あ》り。

国破山河在。

訳 国都(である長安)は戦いに敗れたが、山や河は残っている。

② 秋風《あきかぜ》起《た》ちて白雲《はくうん》飛《と》ぶ。(起＝吹く)

秋風起白雲飛。

訳 秋風が吹いてきて白雲が飛ぶように流れている。

③ 人《ひと》の性《せい》は悪《あく》なり。

人之性悪。

訳 人が本来そなえている性質は悪である。

④ 光陰《こういん》は百代《ひゃくだい》の過客《かかく》なり。(光陰＝月日。百代＝永遠。過客＝旅人)

光陰者百代之過客。

訳 月日は、永遠に歩き続ける旅人のようなものである。

⑤ 恵王《けいおう》曰《い》はく、「善《よ》し。」と。乃《すなわ》ち止《や》む。(乃＝接続詞。止＝終わる)

恵王曰、「善。」乃止。

訳 恵王が言うことには、「(戦いをやめて)よいだろう。」と。そこで(戦わずに)終わった。

2 漢文訓読の基礎 ②

▼漢文を日本文として下から上へ返って読むときに、読む順序を示す記号を「返り点」という。漢字の左下につけ、右下につける「送り仮名」と区別している。

3 返り点

① **レ点**《れてん》◆すぐ下の一字から、すぐ上の一字に返って読む記号。

(1) [2]レ[1]の形

例 握レルの手ヲ。 読 手《て》を握《にぎ》る。 訳 手を握る。

(2) [3]レ[2]レ[1]の形

例 不ずレ知ラレ道ヲ。 読 道《みち》を知《し》らず(不)。 訳 道を知らない。

(3) [4]レ[3]レ[2]レ[1]の形

例 不レ可ベカラレ不ルレ知ラ。 読 知らざる(不)べ(可)からず(不)。 訳 知らないでいてはいけない。

② **一二点**《いちに》◆二字以上離れた下の字から、上の字に返って読む記号。一二三…と続く場合もある。

(1) [3]二[1][2]一の形

例 有リ二近キ憂ヒ一。 読 近《ちか》き憂《うれ》ひ有《あ》り。 訳 身近なところで心配ごとが出てくる。

(2) [5]三[1][4]二[2][3]一の形

例 使シム三我ヲシテ長タラ二百獣ニ一。 読 我《われ》をして百獣《ひゃくじゅう》に長《ちょう》たらしむ(使)。 訳 私を百獣の長にさせた。

基礎トレーニング

❶ 次の□の中に、返り点に従って読む順序に番号を入れなさい。

① □レ□レ□□。

② □レ□□レ□。

③ □□二□□一。

④ □レ□□二□□一。

⑤ □□二□□レ□。

⑥ □下□二□□一□中□□上。

⑦ □下□三□□二□□一□上レ□。

❷ 次の□の中の読む順序の数字に従って返り点をつけなさい。

① [1][3][2]。

② [1][2][5][3][4]。

③ [5][4][1][3][2]。

④ [5][3][1][2][4]。

⑤ [4][3][1][2]、[8][7][5][6]。

③ **レ点と一二点**◆同じ文の中に、レ点と一二点が使われることがある。返り点のない字を先に読み、レ点と一二点は出てきた順に読む。

例 [1]百[2]聞ハ[6]不レ[5]如カ二[3]一[4]見ニ一。

読 百聞《ひゃくぶん》は一見《いっけん》に如《し》かず。

訳 百回聞くことは一回見ることに及ばない。

④ **レ点と一点**◆同じ位置について「㆑」となることがある。

例 [5]不二[2]以テレ[1]言ヲ[4]挙《あ》ゲ㆑[3]人ヲ。

読 言《げん》を以《もっ》て人《ひと》を挙《あ》げず。

訳 言葉が立派でも、その人物を取りたてない。

⑤ **上中下点**◆一二点をはさんで、さらに上に返って読む記号。

(1) **上下点を使う場合**

例 [5]有リ下[3]好ム二[1]鷗《おう》[2]鳥《てう》ヲ一[4]者上。

読 鷗鳥《おうちょう》を好《この》む者有《ものあ》り。

訳 かもめを好きな者がいる。

(2) **上中下点を使う場合**

例 [7]不下[3]為《ため》ニ二[1]児[2]孫ノ一[6]買ハ中[4]美[5]田ヲ上。

読 児孫《じそん》の為《ため》に美田《びでん》を買《か》はず。

訳 子孫のために、立派な土地を買うことはしない。

(3) **㆖を用いる場合**◆「㆑」と同じように用いられる。

例 [6]勿《な》カレ下[3]以テ二[1]悪ノ[2]小ナルヲ一[5]為《な》スコト㆖[4]之ヲ。

読 悪《あく》の小《しょう》なるを以《もっ》て之《これ》を為《な》すこと勿《な》かれ。

訳 悪いことがささいなことだといって、それをしてはいけない。

---

❸ **次の漢文の読み方を答えなさい。**

① 有レバレ備《そなへ》無シレ憂《うれ》ヒ。

訳 準備があれば心配しないでよい。

② 挙《あ》ゲテレ頭《かうべ》ヲ望ム二山《さん》月《げつ》ヲ一。

訳 頭を挙げて山の月を望み見る。

③ 有リ二善《よ》クスルレ術ヲ者一。

訳 占いが上手な人がいた。

④ 得ン三身《み》ヅカラ事《つか》フルヲレ之《これ》ニ二。

訳 私自身がこの方にお仕えしよう。

⑤ 有リ下売ル二鳥獣ヲ一者上。

訳 鳥や獣を売る者がいる。

3 漢文訓読の基礎 ③

▼漢文を日本文に合わせて訓点（送り仮名や返り点）をつけて、日本人でも読めるようにしたのが教科書に収録されている「訓読文」で、訓点に従って日本文のように書き直したものが「書き下し文」である。

4 書き下し文

● **書き下し文の原則**

(1) 漢文の漢字は、原則としてそのまま漢字で書き、送り仮名はひらがなにする。例外として、次の(3)〜(5)のような場合もある。**読**が書き下し文を表す。

例 望ム二山　月ヲ一。

読 山月《さんげつ》を望《のぞ》む。

訳 山の上の月をながめる。

(2) 古典文法のきまりに従って、仮名書きの部分は歴史的仮名遣いにする。

例 入リテハレ郷ニ随フレ郷ニ。

読 郷《ごう》に入《い》りては郷《ごう》に随《したが》ふ。

訳 その土地に行ったら、そこの風俗習慣に合わせるのがよい。

(3) 日本語の助動詞や助詞にあたる漢字はひらがなにする。

例 父　母　**之**《の》　年ハ　**不**《ざル》レ**可**《ベカラ》レ**不**《ざル》レ知ラ　**也**《なり》。

読 父母《ふぼ》の年《とし》は、知《し》らざるべからざる**なり**。

訳 両親の年齢は、知らないでいてはいけない。

注 「之」は、助詞で「の」と読む。二つの「不《ル》」は、「ざル」、「可《カラ》」は「ベカラ」、「也」は「なり」と読む助動詞である。

基礎トレーニング

❶ 次の漢文を書き下し文に直しなさい。

① 少　年　易《やすク》レ老イ、学　難《がたシ》レ成リ。

訳 若いと思っていても老人になってしまい、学問はなかなか完成しがたい。

② 水　清ケレバ無シ二大　魚一。

訳 水が澄んでいると大きな魚はいない。

③ 有リレ朋《とも》、自《より》二遠　方一来タル。

訳 同じ学問を志す仲間が、遠い所からやって来る。

④ 人　不《ざレバ》レ学バ、不《ず》レ知ラレ道ヲ。

訳 人間は学問をしないと、人としての道が分からない。

(4) 漢文には、訓読しない漢字があり、書き下し文では書かなくてよい。訓読しない漢字を「**置き字**」という。

例 吾《われ》十有五ニシテ而志ス二于学ニ一。

読 吾十有五《われじゅうゆうご》にして×(而)学《がく》に×(于)志《こころざ》す。

訳 私は十五歳で学問を成しとげようと心に決めた。

(5) 再読文字(10～13ページ)は、右側を最初に読んで漢字表記とし、次に返り点に従い下から返って左側を二度めに読んでひらがな表記にする。

例 **未**《いま》ダ《ず》レ見。

読 **未《いま》だ**見《み》**ず**。

訳 まだ見たことがない。

5 置き字

◆漢文の中で、文意を強めたり、語句をつないだりする漢字を「**助字**」という。この中で、前後の送り仮名で意味・用法が明らかなため、訓読しない漢字を「**置き字**」という。ただし、訓読することもあり、その場合は書き下し文では表記する。

● **主な置き字**

而…文中で、前後をつなぐはたらきをする。

於・于・乎…文中で、対象・比較・場所などを表す。

焉・矣…文末で、断定・詠嘆・疑問などを表したり、語調を強めたりする。

◆訓読する場合として、「**而**」が文や句の最初にあるときに「しかモ」「しかシテ」など、「**於**」は「おイテ」、「**乎**」は「や・か(疑問・反語)」、「**焉**」は「いづクンゾ(疑問・反語)」などがある。

---

❷ 次の置き字を含む漢文を書き下し文に直しなさい。

① 虎、求メテ二百獣ヲ一而食ラフレ之ヲ。(「而」は接続を表す)

訳 虎が、あらゆる獣を探し求めては、それを食べていた。

② 愛ス下同ジキ二於己《おのれ》ニ一者ヲ上。(「於」は比較を表す)

訳 人は自分と同じような人間を好む。

③ 夫《ふ》差《さ》、敗ル二越ヲ于夫《ふ》椒《せう》ニ一。(「于」は場所を表す)

訳 夫差は、越の国を夫椒という所で打ち負かした。

④ 小人之学ハ、入リ二乎耳ヨリ一、出ヅ二乎口ヨリ一。(二つの「乎」は場所を表す)

訳 つまらない人間の学問は、耳から入ったものをすぐ口から出す。

⑤ 来タリ二此《こ》ノ絶境ニ一、不二復《ま》タ出デ一焉。(「焉」は断定を表す)

訳 この人里離れた土地に来て、もう二度とは外に出なかった。

4 再読文字 ①

▼漢文には、一字を二度読む文字がある。これらを「再読文字」という。読み方は、最初は返り点に関係なく副詞として読み、二度めは返り点に従って、日本語の助動詞や動詞として読む。

● 再読文字の読みかたと表記のしかた

例 未《いまダ》ずレ聞カ。

3 1 レ → 2

読 未《いま》だ聞《き》かず。

(1) 最初は、返り点に関係なく副詞として読む。(例「いまダ」〈副詞〉と読む。)

(2) 二度めは、返り点に従って、助動詞(ズ・ベシ・ゴトシなど)や動詞(ス＝サ変動詞)として読む。(例「未だ聞か」まで読んだら返り点〈レ点〉に従って「未」にもどり、「ず」〈助動詞〉と読む。)

(3) 書き下し文は「未だ聞かず。」となる。

● 再読文字 (1)

① 未《いまダ》ず二――一

読 いまダ――ず

訳 まだ――ない

例 未ダずレ有ラレ応こたフル。

読 未《いま》だ応《こた》ふる有《あ》らず。

訳 まだ返事がない。

② 将《まさニ》す二――(ント)一

且《まさニ》す二――(ント)一

読 まさニ――(ント)す

訳 いまにも――しようとする／これから――しようとする

例 船将ニすレ沈マント。

読 船将《ふねまさ》に沈《しず》まんとす。

訳 船はいまにも沈もうとする。

基礎トレーニング

❶ 次の漢文を書き下し文に直しなさい。

① 未ダルレ足ラ二与《とも》ニ議スルニ一也。

訳 まだ一緒に話し合うところまで到達していない。

② 吾《われ》将ニレ聴カントレ子《し》ニ。(子＝あなた)

訳 私はこれからあなたに聞こうとするところだ。

③ 王且ニレ相《しやう》トセント二犀《さい》首《しゅ》ヲ一。(相＝天子を補佐する宰相《さいしょう》。犀首＝人名)

訳 王は犀首をいまにも宰相にしようとしている。

④ 爾《なんぢ》当ニシ二返リテ自ラ思フ一。(爾＝お前)

訳 お前は当然ふり返って自分のことを考えるべきだ。

例 趙[1]《てう》且[2,5]ニ（す）レ伐[4]ウタントレ燕[3]《えん》ヲ。（趙・燕＝国名）

読 趙且《ちょうまさ》に燕《えん》を伐《う》たんとす。

訳 趙は**これから**燕を攻撃**しようとする**。

◆「将・且」は、返る直前の字に「ント」が送り仮名としてつく。「ン」は、推量・意志の助動詞で未然形に接続するから、

未然形 ＋ ントす

・沈《未然形》まんとす。
・伐《未然形》たんとす。

の形になる。

③

当《まさ》ニ（ベシ）――― 一
応《まさ》ニ（ベシ）――― 一
読 まさニ――ベシ
訳 当然――すべきだ／きっと――だろう

例 当[1,5]ニ（シ）レ惜[4]シム二分[2]陰[3]ヲ一。（分陰＝わずかな時間）

読 当《まさ》に分陰《ふんいん》を惜《お》しむべし。

訳 **当然**わずかな時間もたいせつに**すべきだ**。

例 応[1,6]ニ（シ）レ知[5]ル二故[2]郷[3]ノ事[4]ヲ一。

読 応《まさ》に故郷《こきょう》の事《こと》を知《し》るべし。

訳 **きっと**故郷のことを知っている**だろう**。

⑤ 漢水モ亦《また》応ニ（シ）二西北ニ流ル一。（漢水＝揚子江の支流）

訳 漢水もまたきっと西北に流れるだろう。

❷ 次の書き下し文を参考に、漢文に訓点（送り仮名と返り点）をつけ、さらに――線部を口語訳しなさい。

① 吾未《われいま》だ知《し》らざるなり。

吾 未 知 也。

訳

私は、

② 大樹将《たいじゅまさ》に顚《たお》れんとす。（顚＝倒）

大 樹 将 顚。

訳

大きな樹が、

③ 若《も》し鞅《おう》を用《もち》ひずんば当《まさ》に之《これ》を殺《ころ》すべし。（鞅＝人名）

若 不《ずんバ》 用 鞅 当 殺 之。

訳

もし鞅を登用しないのならば、

5 再読文字 ②

▼漢文の教科書に出て来る再読文字は、10・11ページで扱ったものが中心になる。ところが大学入試などの漢文では、ここで取り上げるものも出て来るので、まとめてしっかり覚えておこう。

● **再読文字** (2)

④

猶《なホ》 ごとシ 二 ――(ノ・ガ)―― 一
由《なホ》 ごとシ 二 ――(ノ・ガ)―― 一
読 なホ――(ノ・ガ)ごとシ
訳 ちょうど――のようだ

例 猶ホ シ二 魚 之 有ルガレ 水。

読 猶《な》ほ魚《うお》の水《みず》有《あ》るがごとし。

訳 **ちょうど**魚にとって水が有る**ようなものだ**。

例 危キコト 由ホ シ二 累《るい》 卵《らん》ノ一。（累卵＝卵を積み重ねること）

読 危《あや》きこと由《な》ほ累卵《るいらん》のごとし。

訳 危いことは**ちょうど**重ねた卵**のようだ**。

◆二度めの送り仮名「ごとシ」は、比況の助動詞で連体形や体言のほかに、助詞の「の」「が」に接続する。助詞の直前が体言か連体形かによって、「ごとシ」の直前の助詞の読み方に次のような違いがある。

体　言＋ノ ｝＋ごとシ　例 猶ホシレ山ノ。↓猶ほ山〈体言〉のごとし。
連体形＋ガ ｝　　　　　例 猶ホシレ逃グルガ。↓猶ほ逃ぐる〈連体形〉がごとし。

◆「猶」は、再読文字以外で用いられる場合もある。

例 水 猶ホ 寒シ。

読 水《みず》猶《な》ほ寒《さむ》し。

訳 (川の)水は**まだ**冷たい。

基礎トレーニング

❶ 次の漢文を書き下し文に直しなさい。

① 過ギタルハ 猶ホ シレ 不ルガレ 及バ。

訳 やり過ぎはちょうどやり足らぬと同じようだ。

② 今 之 楽《がく》ハ 由ホ シ二 古《いにしへ》 之 楽ノ一。（楽＝音楽）

訳 今の音楽はちょうど昔の音楽のようだ。

③ 須ラク シレ 惜シム二 少 年ノ 時ヲ一。

訳 ぜひ少年の時代を大切にする必要がある。

④ 小《せう》 子《し》 宜シク シ二 深ク 戒ム一。（小子＝師が門人を呼ぶ語）

訳 お前たちは深く心に戒めるのがよい。

⑤

須《すべかラク》ベシ二――一

読 すべかラク――ベシ

訳 **ぜひ――する必要がある**

例 須ラク叱ルレ反ツテ笑フ。（反＝反対）

読 須《すべか》らく叱《おこ》るべきに反《かへ》って笑《わら》ふ。

訳 **ぜひ叱る必要があるときに反対に笑ってしまう。**

⑥

宜《よろシク》ベシ二――一

読 よろシク――ベシ

訳 **――するのがよい**

例 人之過誤ハ宜シクレ恕スシ。（恕＝許）

読 人《ひと》の過誤《かご》は宜《よろ》しく恕《ゆる》すべし。

訳 **人の間違いは許すのがよい。**

⑦

盍《なんゾ》ザル二――一

読 なんゾ――ざル

訳 **どうして――しないのか**

例 盍ゾレ学バ乎や。

読 盍《なん》ぞ学《まな》ばざるや。

訳 **どうして学ばないのか。**

◆二度めの送り仮名が、打消の助動詞「ず」の連体形「ざル」になっているのは、「なんゾ」の「ゾ」が係助詞のため、「ゾ」の結びは連体形という係り結びの法則により、「ず」が「ざル」に活用したのである。

盍＝なん ゾ〈係助詞〉 → ざル〈「ず」の連体形〉（係り結びの法則）

---

❷ **次の漢文を読んで、後の問いに答えなさい。**

楚《そ》ニ有リ二祠《まつ》ル者一（神官）。①賜二其舎人《しゃじん》（使用人）卮酒《ししゅ》（大杯に入れた酒）一。舎人相謂ヒテ曰ハク、「数人飲マバレ之ヲ不レ足ラ、一人飲マバレ之ヲ有レ余リ。請フ画《ゑが》キテレ地ニ為《つく》リレ蛇ヲ、先《ま》ヅ成ル者飲マントレ酒ヲ。」一人蛇先ヅ成リ、②引キレ酒ヲ且レ飲マントレ之ヲ。乃《すなは》チ（そこで）左手ニ持チレ卮ヲ、右手ニ画キテレ蛇ヲ曰ハク、③「吾能ク為ルニ之ガ足ヲ一。」④未レ成ラ、一人之蛇成ル。奪ヒテ二其ノ卮ヲ一曰ハク、「蛇ニハ固《もと》ヨリ（もともと）無シレ足。子安《いづ》クンゾ（どうして…か）能ク為ランヤ二之ガ足ヲ一。」遂《つひ》ニ（とうとう）飲ム二其ノ酒ヲ一。為ル二蛇ノ足ヲ一者、終《つひ》ニ（とうとう）亡《うしな》フ二其ノ酒ヲ一。（戦国策）

(1) ――線部①・③の書き下し文を参考に、漢文に訓点をつけなさい。

① 其《そ》の舎人《しゃじん》に卮酒《ししゅ》を賜《たま》ふ。

賜 其 舎 人 卮 酒。

③ 吾《われ》能《よ》く之《これ》が足《あし》を為《つく》ると。

「吾 能 為 之 足」。

(2) ――線部②・④を書き下し文に直し、さらに口語訳しなさい。ただし、送り仮名を省略したところもある。

② 読

訳

④ 読

訳

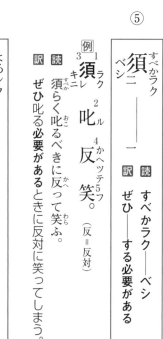

6 否定の句形 ①

▼他の語句の上について、その語句の意味（動作・状態・事物など）を否定する一語の否定語をまとめてある。上段③の赤枠の左に〈非＝匪〉とあるのは、「非」以外に「匪」が使われることもあるということを表している。

● **単純な否定**

① 不《ず》二 ―― 一　読 ――ず　訳 ――ない

例 歳月 **不**レ 待タレ 人ヲ。

読 歳月人《さいげつひと》を待《ま》たず。

訳 年月は人を待た**ない**。

② 弗《ず》二 ―― 一　読 ――ず　訳 ――ない

例 **弗**レバ 食ラハ 不レル 知ラ二 其ノ 旨《うま》キヲ一 也。

読 食《く》らはざれば其《そ》の旨《うま》きを知《し》らざるなり。

訳 食べ**なければ**そのうまさは分からないのである。

③ 非《あら》ズ二 ―― 一ニ　〈非＝匪〉　読 ――ニあらズ　訳 ――ではない

例 **非**ザレバレ 法ニ 不レ 言ハ。

読 法《ほう》に**非**《あら》ざれば言《い》はず。

訳 決まり**ではない**ので言わない。

基礎トレーニング

❶ 次の漢文の――線部を書き下し文に直し、さらに口語訳しなさい。ただし、――線部の送り仮名を省略したところもある。

① 覆水 <u>不レ 返レ 盆。</u>

読 覆水

訳 ひっくり返った水は

② 故ニ <u>弗レ 用ヒ。</u>

読 故に

訳 だから

③ 人ハ <u>非二 木 石一。</u>

読 人は

訳 人は

④

無《なシ》㆓ ——㆒　**読** ——なシ　**訳** ——がない

例 水清《ケレバ》無《シ》㆓大魚㆒。

読 水清《みずきよ》ければ大魚《たいぎょ》無《な》し。

訳 水が澄んでいると大きな魚**はいない**。

⑤

莫《なシ》㆓ ——㆒　**読** ——なシ　**訳** ——がない

例 国人**莫**《シ》㆓敢《あヘテ》言《フモノ》㆒。

読 国人《こくじん》敢《あ》へて言《い》ふもの莫《な》し。

訳 その国の人で特に文句を言う者**がない**。

● 再読文字を用いた否定

①

未《いまダ》《ず》㆓ ——㆒　**読** いまダ——ず　**訳** まだ——ない

例 **未**《ダ》《ず》㆑有《ラ》㆑応《こたフル》。（**読**と**訳**は10ページ）

②

盍《なんゾ》《ざル》㆓ ——㆒　**読** なんゾ——ざル　**訳** どうして——しないのか

例 **盍**《ゾ》《ざル》㆑学《バ》乎《や》。（**読**と**訳**は13ページ）

---

④ 有《リテ》㆓百害㆒、無㆓一利㆒。

読 百害有りて、

訳 たくさんの害はあるが、

⑤ 左右皆泣《キ》、莫㆓能《ヨク》仰《ギ》視《ルモノ》㆒。

読 左右皆泣き、

訳 左右の人々も皆泣いて、

❷ 次の書き下し文を参考に、漢文に訓点をつけなさい。

① 是非《ぜひ》の心《こころ》無《な》きは人《ひと》に非《あら》ざるなり。

無是非之心非人也。

訳 善悪を判断する心がない者は人間ではない。

② 虎穴《こけつ》に入《い》らずんば、虎子《こじ》を得《え》ず。

不入虎穴、不得虎子。

訳 虎の穴に入らなければ、虎の子をつかまえることはできないのである。

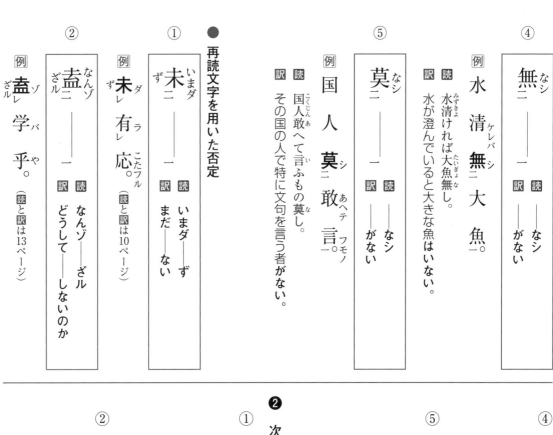

7 否定の句形 ②

▼否定語の中で禁止を表すものをまとめてある。また、「～でないものはない」のように、否定語を二つ重ねて強い肯定を表す二重否定についても触れている。

● 否定語を用いた禁止

① 無《なカレ》二 ―――― 一
読 ――なカレ
訳 ――してはいけない

例 無《カレ》レ道《いフコト》二人《ノ》短《ヲ》一。（道＝言。短＝短所）
読 人《ひと》の短《たん》を道《い》ふこと無《な》かれ。
訳 他人の短所を言ってはいけない。

② 勿《なカレ》二 ―――― 一
読 ――なカレ
訳 ――してはいけない

例 非《ザレバ》レ礼《ニ》勿《カレ》レ視《みルコト》。
読 礼《れい》に非《あら》ざれば視《み》ること勿《な》かれ。
訳 礼儀ではないことを見てはいけない。

③ 莫《なカレ》二 ―――― 一
読 ――なカレ
訳 ――してはいけない

例 君 莫《カレ》レ疑《フコト》。
読 君疑《きみうたが》ふこと莫《な》かれ。
訳 君よ、(私を)疑ってはいけない。

基礎トレーニング

❶ 次の漢文の――線部を口語訳しなさい。

① 子、無《カレ》二敢《ヘテ》食《ラフコト》レ我《ヲ》一。（敢＝決して。）
読 子《し》、敢《あ》へて我《われ》を食《く》らふこと無《な》かれ。

あなたは、

② 己《おのれノ》所《レ》不《ル》レ欲《セ》、勿《カレ》レ施《スコト》二於 人《ニ》一。（於＝置き字）
読 己《おのれ》の欲《ほっ》せざる所《ところ》、人《ひと》に施《ほどこ》すこと勿《な》かれ。

自分の望まないことは、

③ 酔《ゑヒテ》臥《ふストモ》二沙《さ》場《ぢやうニ》一、君 莫《カレ》レ笑《フコト》。
読 酔《え》ひて沙場《さじょう》に臥《ふ》すとも、君笑《きみわら》ふこと莫《な》かれ。

酔いつぶれて砂漠に倒れても、

❷ ❶の①の――線部の「無」を、単純な否定の句形として読んだ場合の――線部の書き下し文を答えなさい。

● 否定語を重ねた二重否定

①
無《なシ》レ不《ざル》二――一
〈無＝莫〉
読 ――ざルなシ
訳 ――ないものはない

例 無シレ不ルレ知ラレ愛スルヲ二其ノ親ヲ一。
読 其《そ》の親《おや》を愛《あい》するを知《し》らざる無《な》し。
訳 その親を愛することを知らないものはない。

②
莫《なシ》レ非《あらザル》二――一ニ
〈非＝匪〉
読 ――ニあらザルなシ
訳 ――でないものはない

例 莫キレ非ザルレ命ニ也。
読 命《めい》に非《あら》ざる莫《な》きなり。
訳 天の命令でないものはないのだ。

③
非《あらズ》レ不《ざルニ》二――一
読 ――ざルニあらズ
訳 ――しないのではない

例 吾非ズレ不ルニレ知ラ。
読 吾《われ》知《し》らざるに非《あら》ず。
訳 私は知らないのではない。

④
非ズレ無キニ二――一
読 ――なキニあらズ
訳 ――がないのではない

例 非ズレ無キニレ涙。
読 涙《なみだ》無《な》きに非《あら》ず。
訳 涙がないのではない。

---

❸ 次の漢文の――線部を書き下し文に直し、さらに口語訳しなさい。

① 人無シレ不ル二飲食セ一。
読 人
訳 人で

② 一民モ莫キレ非ザル二其ノ臣ニ一也。（臣＝臣下）
読 一民も
訳 一人の人民も

③ 非ズレ不ルニレ説《よろこ》バ二子《し》之道ヲ一。（説＝喜）
読 子の道を
訳 先生の道を

④ 非ズレ無キニレ義、不ルレ為《な》サ耳《のみ》。（義＝正義感）
読 為さざるのみ。
訳 実行しないだけだ。

8 否定の句形③

▼「不」と副詞の位置の違いによって、部分的に否定する文（部分否定）と全面的に否定する文（全部否定）とに分かれる。特に、部分否定の読み方と訳し方が重要である。

● 部分否定と全部否定の違い

例1 不㆓常（副詞）ニハ行（用言）カ㆒。⇒ **部分否定**

例2 常（副詞）ニ不㆑行（用言）カ。⇒ **全部否定**

◆例1は、「いつも行く」ことを「不」で否定している。つまり、行くこともあり、行かないこともあるということを表している。この表現法を**部分否定**という。

◆例2は、「行かない」ことが「常に」なので、いつも行かないことを表している。これを**全部否定**という。

◆構文上、次のように整理できる。

> 部分否定 ＝ **不** ＋ 副詞 ＋ 用言
> 全部否定 ＝ 副詞 ＋ **不** ＋ 用言

「不」が副詞（常・必・復など）の上にあれば部分否定、下にあれば全部否定になる。「復タ」以外は送り仮名も違う。

● 副詞の送り仮名の違い

	常	必	復
部分否定	常ニハ	必ズシモ	復タ
全部否定	常ニ	必ズ	復タ

注「復」は、部分否定も全部否定も送り仮名は同じだが、「不」と「復」の位置の違いで見分けることができる。

基礎トレーニング

❶ 次の書き下し文を参考に、漢文に訓点をつけ、さらに——線部を口語訳しなさい。

① 伯楽《はくらく》は常《つね》には有《あ》らず。（伯楽＝名馬の鑑定家）

伯楽不常有。

訳 名馬の鑑定家は

② 師《し》は必《かなら》ずしも弟子《ていし》よりも賢《けん》ならず。

師不必賢於弟子。（於＝置き字）

訳 先生のほうが

③ 黄鶴一《こうかくひと》たび去《さ》りて復《ま》た返《かえ》らず。

黄鶴一去不復返。

訳 黄色い鶴は一度飛び去って

● 部分否定

①

不㆓常《つね》ニハ ―― ㆒	読 つねニハ―ず　訳 いつも―とは限らない

例 家貧シクシテ不㆓常ニハ得㆒レ油ヲ。

読 家貧《いえまず》しくして常《つね》には油《あぶら》を得《え》ず。

訳 家が貧しくて**いつも**油を手に入れられる**とは限らない**。

②

不㆓必《かならズシモ》 ―― ㆒	読 かならズシモ―ず　訳 必ず―とは限らない

例 **不**㆓**必**ズシモ有㆑ラ徳。

読 **必**《かなら》**ず**しも徳《とく》有《あ》ら**ず**。

訳 **必ず**徳があるとは**限らない**。

③

不㆓復《まタ》 ―― ㆒	読 まタ―ず　訳 二度と―ない

例 **不**㆓**復**タ与《とも》ニ言㆒ハ。（与＝いっしょ）

読 復《ま》た与《とも》に言《い》はず。

訳 **二度と**いっしょに話さ**ない**。

〈参考〉**復**タ**不**㆓与ニ言㆒ハ。（全部否定）

読 復《ま》た与《とも》に言《い》はず。

訳 （以前も話さず）**今度も**いっしょに話さ**ない**。

注 「不」と「復」の位置の違いに注意する。

---

❷ **次の漢文を読んで、後の問いに答えなさい。**

Ⅰ 楚人ニ有㆘鬻《ひさグ》㆓盾《たて》ト与㆑矛《ほこ》ヲ者㆖。誉《ほ》メテ㆑之ヲ曰ハク、「吾ガ盾之堅キコト、①莫㆓能ク陥《とほ》スモノ㆒也ト。」又誉メテ㆓其ノ矛㆒ヲ曰ハク、「吾ガ矛之利《と》キコト、②於イテ㆑物ニ無㆑キ不㆑ル陥サ也ト。」或ヒト曰ハク、「以テ㆓子之矛㆒ヲ、陥㆓サバ子之盾㆒ヲ、何如《いかん》ト。」③其ノ人弗㆑ル能㆑ハ応《こた》フル也。

Ⅱ ④宋人有耕田者。田《でん》中《ちゅう》ニ有㆑リ株。兎《うさぎ》走リテ触㆑レ株ニ、折㆑リテ頸《くび》ヲ而死ス。因リテ釈《す》テテ㆓其ノ耒《すき》ヲ㆒而守㆑リ株ヲ、⑤冀復得兎。⑥兎不㆑シテ可㆓カラ復タ得㆒ウ、而身ハ為㆓ル宋国ノ笑㆒ヒト。（Ⅰ・Ⅱとも「韓非子」）

(1) ――線部①〜③・⑥を口語訳しなさい。

①	②
③	⑥

(2) ――線部④・⑤の書き下し文を参考に、漢文に訓点をつけなさい。

④ 宋人《そうひと》に田《た》を耕《たがや》す者《もの》有《あ》り。

宋人有耕田者。

⑤ 復《ま》た兎《うさぎ》を得《え》んことを冀《こいねが》ふ。

冀復得兎。

9 疑問の句形 ①

▼文頭や文中に用いられている一語の疑問詞には、疑問の内容（理由・時間・場所・物事など）によって、同じ漢字（たとえば「何」）でも読み方も訳し方も違うものがあるので気をつける。

● **疑問詞** (1) ◆文頭・文中に用いられている。

① **何**《なんゾ》〈何＝奚・曷・胡〉

読 **なんゾ** ◆理由を問う

訳 **どうして――か**

例 子何ゾ不ルレ去ラ。

読 子《し》何《なん》ぞ去《さ》らざる。

訳 あなたは**どうして**立ち去らないの**か**。

② **何**《なにヲカ》

読 **なにヲカ** ◆物事を問う

訳 **なにを――か**

例 於イテ二斯コノ三者ニ一何ヲカ先ニセン。

読 斯《こ》の三者《さんしゃ》に於《お》いて何《なに》をか先《さき》にせん。

訳 これらの三者のうちで**なにを**先にすべきだろう**か**。

③ **何**《いづレノ》

読 **いづレノ** ◆時間・場所を問う

訳 **いつ――か／どこに――か**

例 問フレ我ニ来タルト二何レノ方ヨリ一。

読 我《われ》に問《と》ふ何《いづ》れの方《かた》より来《き》たると。

訳 私に尋ねる、**どこ**の方角から来たの**か**と。

基礎トレーニング

❶ **次の漢文の――線部を書き下し文に直し、さらに口語訳しなさい。なお、＝線部の漢字は書き下し文ではひらがなにすること。**

① 汝《なんぢ》何ゾ与フル。

読 汝

訳 お前は

② 死シテ而何ヲカ為サン。（而＝置き字）

読 死して

訳 死んでから

③ 今夜不レ知ラ何レノ処ニカ泊《はく》スルヲ。

読 今夜知らず

訳 今夜のことは分からない

④

安《いづクニ(カ)》

〈安＝悪・焉〉

読 いづクニ(カ)　◆場所を問う

訳 どこに――か

例 沛《はい》公《こう》**安**《クニカ》在《ル》。（沛公＝人名）

読 沛公《はいこう》**安**《いず》くにか在《あ》る。

訳 沛公は**どこに**いるの**か**。

⑤

誰《たれカ》

〈誰＝孰〉

読 たれカ　◆人物を問う

訳 だれが――か

例 **誰**《カ》加《フル》レ衣《ヲ》者《ゾ》。

読 **誰**《たれ》か衣《い》を加《くわ》ふる者《もの》ぞ。

訳 **だれが**衣をかけたの**か**。

⑥

孰《いづレカ》

読 いづレカ　◆選択を問う

訳 どちらが――か

例 女《なんぢト》与《と》レ回 **孰**《レカ》愈《まさレル》。（回＝人名）

読 女《なんじ》と回《かい》と**孰**《いず》**れか**愈《まさ》れる。

訳 お前と回とでは**どちらが**優れているか。

⑦

何《なん》為《すレゾ》

〈何為＝奚為・曷為・胡為〉

読 なんすレゾ　◆理由を問う

訳 どうして――か

例 夫《ふう》子《し》**何為**《レゾ》不《ル》レ執《とラ》レ弓《ヲ》。

読 夫子《ふうし》**何為**《なんす》れぞ弓《ゆみ》を執《と》らざる。

訳 先生は**どうして**弓をとらないのです**か**。（次ページへ）

---

④ 子将《ニ》ル二安《クニカ》之《ゆカント》一。

読 子

訳 あなたは

⑤ 弟《てい》子《し》孰《カ》為《ス》レ好《ムト》レ学《ヲ》。

読 弟子

訳 門人の中で

⑥ 君《ト》与《と》レ父 孰《レカ》重《キ》。（重＝大切）

読 君と父と

訳 主君と父親とでは

⑦ 先生何為《レゾ》出《いダス》二此《ノ》言《ヲ》一。（言＝言葉）

読 先生

訳 先生は

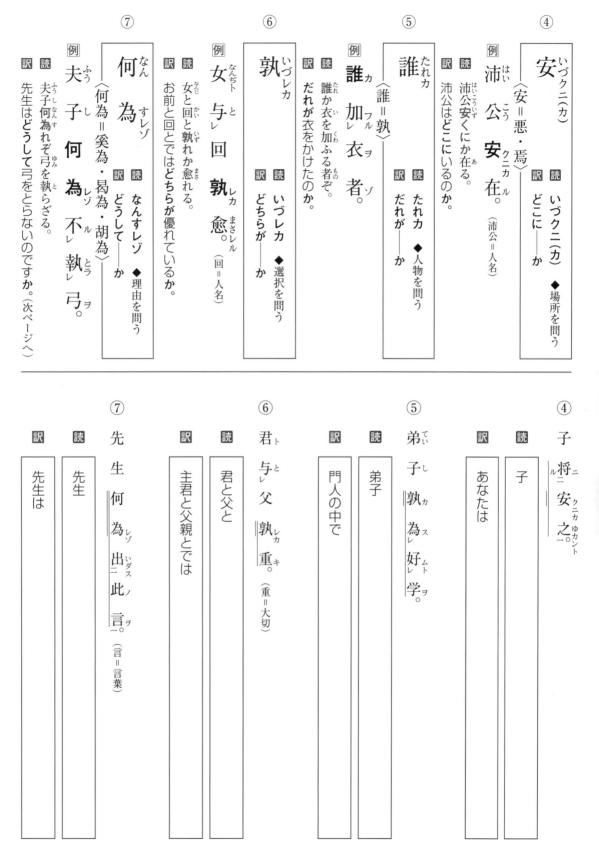

10 疑問の句形 ②

▼21ページに続き、二語の疑問詞をまとめてある。23ページでは、文末にある疑問の助字にも触れている。文末の助字は上に来る活用形などにより、「や」と読んだり「か」と読んだりするので注意する。

● **疑問詞** (2)（前ページからの続き）

⑧ 何《なにヲ》以《もつテ(カ)》
読 なにヲもつテ(カ)
◆方法・手段・理由を問う
訳 どうやって—か／どうして—か

例 **何**ヲ**以**テカ殺レ人ヲ。
読 何《なに》を以《もっ》てか人《ひと》を殺《ころ》す。
訳 **どうして**人を殺したの**か**。

⑨ 何如《いかん》
〈何如＝何若・奚若〉
読 いかん
◆様子・状態・程度を問う
訳 どうか

例 賢ナルコト**何如**。
読 賢《けん》なること**何如**《いかん》。
訳 賢さは**どうか**。

⑩ 如二——ヲ一何
〈如何＝奈何・若何〉
読 ——ヲいかん
◆方法・手段・処置を問う
訳 ——をどうしたらよいか

例 **如**レ之《これヲ》**何**《セン》。
読 之《これ》を**如何**《いかん》せん。
訳 これを**どうしたらよいか**。

◆「——ヲ」の部分には目的語が入る。

◆例 為スコトレ之ヲ**如何**。
読 之《これ》を為《な》すこと**如何**《いかん》。
訳 これをするには**どうするか**。

のように、「如何」の間に目的語が入らない場合もある。

基礎トレーニング

❶ **次の漢文を書き下し文に直し、さらに口語訳しなさい。なお、＝線部の漢字は書き下し文ではひらがなにすること。**

① 何ヲ以テカ利スル二吾ガ国ヲ一。（利＝利益をもたらす）

読

訳

② 今日之事ハ何如。

読

訳

③ 如二吾ガ民ヲ一何セン。（民＝人民）

読

訳

● **疑問の助字** ◆文末に用いられている。

①

――**乎**　読 ――か／――や　訳 ――か
〈乎＝邪・也・哉・耶〉

例 有《ル》レ窮《スルコト》**乎**《か》。（有＝連体形）
読 窮《きゅう》すること有《あ》る**か**。
訳 行き詰まることが有る**か**。

◆文末の疑問の助字は助詞にあたるので、書き下し文に直すときはひらがなにする。

②

――**与**《か》　読 ――か　訳 ――か
〈与＝歟〉

例 魯《ロノ》孔丘**与**《か》。
読 魯《ろ》の孔丘《こうきゅう》**か**。
訳 魯の国の孔丘（孔子）**か**。

◆「与」が疑問の助字の場合は、「――や」と読むことはない。

● **疑問の助字の読み分けかた**

連体形・体言に続くとき ⇒ **か**　と読む
終止形に続くとき
疑問詞とセットのとき } ⇒ **や**　と読む

◆右の①の例文は、次のように書き変えることもできる。

例 有《リ》レ窮《スルコト》**乎**《や》。（有＝終止形）
読 窮《きゅう》すること有《あ》り**や**。
訳 行き詰まることが有る**か**。

◆①の「有る」は、ラ変動詞「あり」の連体形だから、「乎」を「か」と読み、右の例の「有り」は終止形だから「乎」を「や」と読む。

---

2 **次の漢文の――線部を書き下し文に直し、さらに口語訳しなさい。**

① 若《なんぢハ》非《ズ》二吾《ガ》故人《ニ》一乎。（故人＝昔なじみ）
読 若は
訳 お前は

② 其《レ》真《まことニ》無《キ》レ馬邪。
読 其れ真に
訳 そもそも本当に（良い）

③ 十《じっ》世《せい》可《キ》レ知《ル》也。（可＝できる）
読 十世
訳 十世先のことまで

④ 然《しかラバ》則《すなはチ》師愈《まさレル》与。（師＝人名。愈＝すぐれる）
読 然らば則ち
訳 そうだとすれば

11 疑問の句形 ③

▼疑問詞や疑問の助字を組み合わせた句形をまとめてある。基本的には、これまでの疑問の句形を理解していればまったく問題はない。読み方として、文末の助字はすべて「や」と読むことは覚えておく。

●疑問詞と疑問の助字の組み合わせ

◆20〜23ページにまとめてある疑問詞と疑問の助字が、一文の中にセットで出て来る場合がある。疑問の気持ちをより強く表現しているといえるが、口語訳では一語の疑問詞や疑問の助字と同じように訳してよい。

◆疑問詞と疑問の助字がセットの場合は、疑問の助字「**乎**」（邪・也／哉・耶）は「**や**」と読む。

①

何《なんゾ》――也《や》

読 **なんゾ――や**

訳 **どうして――か**

例 夫《ふう》子《し》**何**ゾ哂《わら》レフ由《いう》ヲ**也**《や》。（由＝人名）

読 夫《ふう》子《し》**何**《なん》**ぞ**由《ゆう》を哂《わら》ふ**や**。

訳 先生は**どうして**由を笑われたの**か**。

②

――ハ何《なんゾ》也

読 **――ハなんゾや**

訳 **――はどうしてか**

例 **不**ルハレ読マレ書ヲ**何**ゾ**也**。

読 書《しょ》を読《よ》まざる**は何**《なん》**ぞや**。

訳 書物を読まないの**はどうしてか**。

基礎トレーニング

❶ 次の漢文を口語訳しなさい。

① 何ゾ笑フレ我ヲ也。

読 何《なん》ぞ我《われ》を笑《わら》ふや。

② 自ラ謂《いフハ》レ非ズトレ客《かくニ》何ゾ也。（謂＝言。客＝他国の者）

読 自《みずか》ら客《かく》に非《あら》ずと謂《い》ふは何《なん》ぞや。

③ 果タシテ安《クニ》在リ哉。（果＝いったい）

読 果《は》たして安《いず》くに在《あ》りや。

④ 何為レゾ不ルレ去ラ也。

読 何為《なんす》れぞ去《さ》らざるや。

◆前ページの①と②の違いは、①の「何ぞ―や」の倒置の形が②の「―は何ぞや」になる。たとえば、②の例を

何ゾ不ルレ読マレ書ヲ也《や》。 と書き替えると、

①の構文と同じになる。

③
安《いづクニ(カ)》 ―― 哉《や》
読 いづクニ(カ)―や
訳 どこに―か

例 沛《はい》公《こう》ハ今安クニ在リ哉《や》。（沛公＝人名）

読 沛公《はいこう》は今《いま》安《いづ》くに在《あ》りや。

訳 沛公は今はどこにいるのか。

④
何《なん》為《すレゾ》 ―― 也《や》
読 なんすレゾ―や
訳 どうして―か

例 何為レゾ其レ然ル也。

読 何為《なんす》れぞ其《そ》れ然《しか》るや。

訳 どうしてそれはそのようなのか。

⑤
何《なにヲ》以《もつテ》 ―― 乎《や》
読 なにヲもつテ―や
訳 どうして―か

例 何ヲ以テ至ルレ是《ここ》ニ乎。

読 何《なに》を以《もっ》て是《ここ》に至《いた》れるや。

訳 どうしてここまでになったのか。

---

❷ 次の漢文を読んで、後の問いに答えなさい。

孟子見《まみ》ユ二梁《りやう》ノ恵王一ニ。（梁恵王＝戦国時代の魏の王）王曰ハク、「叟《そう》、（叟＝長老に対する敬称）不レシテ遠シトセ二千里ヲ一而来ル。亦《また》①将《すル》ニレ有ラント三以テ利スルコト二吾ガ国ヲ一乎ト」。孟子対《こたヘテ》曰ハク、「王何ゾ必ズシモ曰ハンレ利ト。亦有ル二仁義一而《の》已《み》矣。（而已＝三字で「のみ」と読み限定を表す）王ハ曰ヒ三②何ヲ以テ利セント二吾ガ国ヲ一、（利＝利益をもたらす）大夫ハ曰ヒ三何ヲ以テ利セント二吾ガ家ヲ一、士・庶《しよ》人《じん》ハ曰ハバ三何ヲ以テ利セント二吾ガ身ヲ一、上下交《こもごも》征《とリテ》レ利ヲ而国危フシ矣。（交征利＝お互いに利益の取り合いをする）（中略）

苟《いやシクモ》為《サバ》二後ニシテレ義ヲ而先ニスルヲ一レ利ヲ、（苟＝仮にも～ならば）③不ンバレ奪ハ不レ饜《あカ》。（饜＝満足する）④未《ざル》ダレ有ラ下仁ニシテ而遺《すツル》二其ノ親ヲ一者上也。未《ル》ダレ有ラ下義ニシテ而後ニスル二其ノ君ヲ一者上也。王モ亦曰ハン二仁義ト一而已矣。何ゾ必ズシモ曰ハントレ利ト。」（孟子）

注 仁義―「仁」は、広く人や物を愛すること。「義」は、行いが社会秩序や道理にかなうこと。
大夫・士・庶人―当時は、諸侯・卿《けい》・大夫・士・庶人に身分が分かれていた。

(1) ――線部①・④を書き下し文に直しなさい。

①

④

(2) ――線部②・③を口語訳しなさい。

②

③

12 反語の句形①

▼反語で用いられている漢字は、ほとんどが疑問の句形で出てきたものと一致する。ただし、送り仮名と訳し方には大きな違いがあるので、この点はしっかり覚えるようにする。

●反語と疑問の違いは文末で決まる

◆20〜25ページで扱っている疑問の句形に出てきた漢字のほとんどが、反語の句形にも使われている。二つの句形を見分けるためには文末に注意するとよい。

例①　何《ゾ》帰《ル》乎《や》。　読　何《なん》ぞ帰《かえ》るや。〈疑問〉　訳　どうして帰るのか。

例②　何《ゾ》帰《ラン》乎《や》。　読　何《なん》ぞ帰《かえ》**らん**や。〈反語〉　訳　どうして帰ろうか、いや、帰らない。

例②のように反語の場合は、未然形に接続する推量の助動詞「ん(む)」がついている。なお、例②は、

例③　何《ゾ》帰《ラン》。　読　何《なん》ぞ帰《かえ》**らん**。〈反語〉　訳　どうして帰ろうか、いや、帰らない。

と、文末の助字(「乎」など)がなくても反語になる。つまり、

「――ン(ヤ)」で結んであれば反語

といえる。ただし、推量の助動詞にあたる「ん・らん・けん」は連体形と終止形が同形のため、疑問の句形の場合でも「ん」で結ぶことがあるので注意する。このようなときには、前後の文脈から判断しなければならないが、文末が「――ン(ヤ)」とあったら、まず反語を思い浮かべ、口語訳をして不自然でないかどうかを確かめてみるとよい。

基礎トレーニング

❶ 次の漢文が反語の句形ならA、疑問の句形ならBと答えなさい。

① 与《と》二長者一期《シテ》後《おくルルハ》何《ゾ》也《や》。

② 君子《ハ》何《ゾ》患《うれヘン》三乎無《キヲ》二兄弟一也《や》。

③ 誰《カ》知《ランヤ》二烏《からす》之雌雄《ヲ》一。

④ 弟《てい》子《し》孰《カ》為《ス》レ好《ムト》レ学《ヲ》。

①	②	③	④

❷ 次の漢文を口語訳しなさい。

① 何《ゾ》行《ク》。

② 何《ゾ》行《カン》。

①
②

❸ 次の漢文を書き下し文に直し、さらに――線部を口語訳しなさい。

① 我何《ゾ》為《サン》レ渡《ルコトヲ》。

● **疑問詞で反語を表す** ◆文頭・文中の漢字。

①

何《ゾ》 ——ン
〈何＝奚・曷・胡〉
読 なんゾ——ン
訳 どうして—か、いや、—ない

例 何《ゾ》愛《をシマン》二一牛《ヲ》一。 **読** 何《なん》ぞ一牛《いちぎゅう》を愛《お》しまん。
訳 どうして牛一頭を惜しもうか、いや、惜し**まない**。

②

誰《たれカ》 ——ン
〈誰＝孰〉
読 たれカ——ン
訳 だれが—か、いや、だれも—ない

例 誰《カ》無《カラン》レ過《あやまチ》。 **読** 誰《たれ》か過《あやま》ち無《な》からん。
訳 だれが過ちのない者がいようか、**いや、だれもいない**。

③

安《いづクンゾ》 ——ン
〈安＝悪・焉〉
読 いづクンゾ——ン
訳 どうして—か、いや—ない

例 安《クンゾ》不《ラン》レ学《バ》。 **読** 安《いず》くんぞ学《まな》ばざらん。
訳 どうして学ばないことがあろうか、いや、学ばないことは**ない**。

④

何《なん》為《すレゾ》 ——ン
〈何為＝奚為・曷為・胡為〉
読 なんすレゾ——ン
訳 どうして—か、いや、—ない

例 何為《レゾ》不《ラン》レ楽《シマ》。 **読** 何《なん》為《す》れぞ楽《たの》しまざらん。
訳 どうして楽しまないことがあろうか、**いや**、楽しまないことは**ない**。

読

訳 私は

② 人生自《より》レ古《いにしへ》誰《カ》無《カラン》レ死。

読

訳 人生において

③ 割《さクニ》レ鶏《ヲ》焉《クンゾ》用《キンヤ》二牛刀《ヲ》一。（牛刀＝牛を殺す刀）

読

訳 鶏をさばくのに

④ 子安《クンゾ》能《ク》為《つくラン》二之《ガ》足《ヲ》一。（為＝描き上げる）

読

訳 あなたは

⑤ 夷《い》狄《てき》之楽《がく》、何為《レゾ》於《おいテセン》レ此《ここニ》。（夷狄＝異民族）

読

訳 夷狄の音楽を、

13 反語の句形 ②

▼反語の助字は、疑問の助字と同じである。ただし、読み方は「〜ンや」となることはしっかり押さえておく。また、疑問詞と疑問の助字の組み合わせの場合は、「どうして〜か、いや、〜ない」という口語訳が基本になる。

● **反語の助字** ◆文末の漢字。

——ン乎《や》　読 ——ンや　訳 ——か、いや、——ない 〈乎＝邪・也・哉・耶・与・歟〉

例 諸《しょ》葛《かつ》孔《こう》明《めい》、其レ能ク久シカラン乎《や》。

読 諸葛孔明《しょかつこうめい》、其《そ》れ能《よ》く久《ひさ》しから**んや**。

訳 諸葛孔明は、長く生きられよう**か**、**いや**、長く生きられ**ない**。

● **疑問詞と疑問の助字の組み合わせ**

◆**「疑問詞＋疑問の助字」の訳し方**　訳すときは疑問詞に注目し、その反語の訳し方に従えばまず間違いない。ここで取り上げる「何《ゾ》」「安《クンゾ》」「何為《レゾ》」の口語訳は、いずれも「どうして——か、いや、——ない」だから、まずこれを覚えてしまう。

①

何《ゾ》 ——ン乎《や》　読 なんゾ——ンや　訳 どうして——か、いや、——ない 〈何＝奚・曷・胡〉

例 何ゾ不ランレ為ラレ福ト乎。

読 何《なん》ぞ福《ふく》と為《な》らざら**んや**。

訳 **どうして**幸福とならないことがあろう**か**、**いや**、幸福とならないことは**ない**。

基礎トレーニング

❶ **次の書き下し文を参考に、漢文に訓点をつけ、さらに——線部を口語訳しなさい。**

① 人勉《ひとつと》めざるべけんや。

人可不勉乎。

訳 人は

② 不仁者《ふじんしゃ》は与《とも》に言《い》ふべけんや。

不仁者可与言哉。

訳 徳のない人とは

③ 帝力《ていりょく》何《なん》ぞ我《われ》に有《あ》らんや。

帝力何有我哉。（有＝関係がある）

訳 天子の力など

②

安《いづ》クンゾ ――ン 乎《や》
〈安＝悪・焉・寧〉

読 いづクンゾ――ンや
訳 どうして―か、いや、―ない

例 安クンゾ可ケンレ不ルレ楽シマ哉《や》。

読 安《いず》くんぞ楽《たの》しまざるべけんや。
訳 **どうして**楽しまないことができようか、**いや**、楽しまないことができ**ない**。（どうして楽しめないことがあろうか、いや、楽しめる。）

◆**「可《ベケン》ニ ―― 乎《や》」の訳し方**　文末の助字が反語になるときに、よく出てくる構文（28ページ下段❶の①・②）だから、「可――乎」のセットで訳し方を覚えておくと役に立つ。訳し方には、

不可能＝――することができようか、いや、できない
不許可＝――でよいだろうか、いや、よくない

の二通りがある。右の例は、不可能の意になる。

③

何《なん》為《す》レゾン ―― 也《や》
〈何為＝奚為・曷為・胡為〉

読 なんすレゾ――ンや
訳 どうして―か、いや、―ない

例 何為レゾ其レ莫カランレ知ルコトレ子しヲ也。

読 何為《なんす》れぞ其《そ》れ子《し》を知《し》ること莫《な》からんや。
訳 **どうして**先生を理解する者がいないことがあろう**か**、**いや**、いないことは**ない**。

④ 王侯将相《おうこうしょうそう》寧《いず》くんぞ種《しゅ》有《あ》らんや。（寧＝安。種＝血すじ）

王 侯 将 相 寧 有 種 乎。

訳 王や諸侯や将軍や宰相になる者に

⑤ 何為《なんす》れぞ去《さ》らざらんや。

何 為 不 去 也。

訳

❷ **次の反語の句形を含む漢文の□に送り仮名を入れなさい。**

① 何□傷《いた》□□乎。（傷ム＝心配する）

何□傷□□乎。

訳 どうして心配しようか、いや、心配しない。

② 悪□□□成レ□□名□乎。（悪＝安）

悪□□□成レ□□名□乎。

訳 どうして名を成すことができようか、いや、できない。

14 反語の句形 ③

▼反語独自の句形をまとめてある。覚えるまで繰り返し音読し、読み方と訳し方を暗記してしまう。なお、同じような漢字の配列で、反語とは違う句形を表す場合があるので注意する。

● **反語独自の句形** ◆助字（「乎」など）がない場合もある。

①

豈《あ》ニ――ン（乎《や》） 読 あニ――ン（や） 訳 どうして―か、いや、―ない

例 **豈ニ不ランレ与ヘ乎《や》。**

読 **豈《あ》に与《あた》へざらんや。**

訳 **どうして与えないだろうか、いや、与えないことはない。**

◆これと似た句形として、**豈《あ》ニ不《ず》二――一乎《や》** 読 **あニ――ずや** 訳 **なんと――ではないか** がある。これは詠嘆（感嘆）の句形（45ページ）になる。

②

敢《あ》ヘテ不《ざ》ラン二――一（乎《や》） 読 あヘテ―ざラン（や） 訳 どうして―ないことがあろうか、いや、必ず―（する）

例 **敢ヘテ不ランレ敬セ乎《や》。**

読 **敢《あ》へて敬《けい》せざらんや。**

訳 **どうして敬わないことがあろうか、いや、必ず敬う。**

◆これと似た句形として、**不《ず》二敢《あ》ヘテ――一セ** 読 **あヘテ――せず** 訳 **決して――しない** がある。これは強い否定の句形になる。

基礎トレーニング

❶ **次の漢文を口語訳しなさい。**

① 豈ニ望マンレ報ヲ乎。（報＝報酬）

読 豈《あ》に報《ほう》を望《のぞ》まんや。

② 敢ヘテ不ランヤレ聴カレ命ヲ。（命＝命令）

読 敢《あ》へて命《めい》を聴《き》かざらんや。

③ 独リ畏《おそ》レン二廉《れん》将軍ヲ一哉。（畏＝恐）

読 独《ひと》り廉将軍《れんしょうぐん》を畏《おそ》れんや。

④ 不二亦《また》重カラ一乎。（重＝重要）

読 亦重《またおも》からずや。

③

独《ひと》リ ——ン（乎《や》） **読** ひとリ——ン（や） **訳** どうして——か、いや、——ない

例 独リ不㆑ラン愧《は》ヂ㆓於心㆒ニ乎《や》。（愧＝恥。於＝置き字）

読 独《ひと》り心《こころ》に愧《は》ぢざらんや。

訳 **どうして**心の中で恥じないでいられよう**か、いや、**恥じないではいられ**ない**。

◆これと似た句形として、

独《ひとり》——ノミ　**読** ひとリ——ノミ　**訳** ただ——だけだ

がある。これは限定の句形（38ページ）になる。

④

不《ず》㆓亦《また》——㆒乎《や》 **読** また——ずや **訳** なんと——ではないか

例 不㆓亦《また》楽シカラ㆒乎《や》。

読 亦《また》楽《たの》しからずや。

訳 **なんと**楽しい**ではないか**。

◆「亦《また》」は強めの副詞になる。助字の「乎」が反語を表すので、この句形だけは「乎」が省略されることはない。逐語訳だと「たいへん——ではないか、いや、——だ」となるが、「なんと——ではないか」と詠嘆（感嘆）の意味に訳すことが多い。本によっては、「不㆓亦——㆒乎」を詠嘆（感嘆）の句形として分類しているものもある。（45ページ参照）

---

❷ 次の漢文を読んで、後の問いに答えなさい。

Ⅰ 子《し》貢《こう》（孔子の門人）曰ハク、「①如《も》シ有㆘ラバ博《ひろ》ク施㆓シテ於民㆒ニ、而能《よ》ク済《すく》㆖フ衆ヲ、何如。可㆑キ謂㆑フ仁ト乎ト」。

子（先生）曰ハク、「②何ゾ事㆓トセン（問題とする）於仁㆒ヲ。必ズ也聖乎。堯《げう》・舜《しゅん》（二人とも理想的な帝王と言われている）モ其レ猶ホ病㆑メリ（心を悩ます）諸《これ》ヲ。夫《そ》レ仁者ハ、己《おのれ》欲㆑シテ立（立身）タント而立㆑テ人ヲ、己欲㆑シテ達（昇進）セント而達㆑ス人ヲ。能ク近ク取㆑ル譬《たと》ヘヲ。可㆑キ謂《い》㆓フ仁之方（やり方）㆒ト也《の》已《み》（二字で限定を表す）ト」。

Ⅱ 子曰ハク、「莫㆓キ我ヲ知㆒ルコト也《か》夫《な》（二字で詠嘆を表す）ト」。子貢曰ハク、「③何為レゾ莫㆑カラン知㆑ルコト子ヲ也ト」。子曰ハク、「④不怨天、不尤人、下学（身近なことを学ぶ）シテ而上達（上級のことに達する）ス。知㆑ル我ヲ者ハ其レ天乎ト」。

（Ⅰ・Ⅱとも「論語」）

(1) ——線部①を書き下し文に直しなさい。「何如」はひらがなにすること。

(2) ——線部②・③を口語訳しなさい。

②	③

(3) ——線部④の書き下し文を参考に、漢文に訓点をつけなさい。

天《てん》を怨《うら》みず、人《ひと》を尤《とが》めず、

④

不 怨 天、不 尤 人、

15 使役の句形

▼使役とは、「だれかに何かをさせる」という意味である。「Aヲシテ B（セ）しム」が代表的な句形で、「しム」の部分に「使」の漢字を当てることが圧倒的に多い。

● 使役の助字

使《しム》二 A ヲシテ B 一（セ）

〈使＝令・教・遣〉

読 Aヲシテ B（セ）しム

訳 AにBさせる

例 使ム二人ヲシテ描カ一。

読 人《ひと》をして描《えが》かしむ。

訳 人に描か**せる**。

◆「使ム」は、使役の助動詞にあたるから、書き下し文ではひらがなにする。

◆「使」のほかの、「**令・教・遣**」の例は、次の通り。

例 **令**ム二項《かう》羽《う》ヲシテ攻メレ秦ヲ。（項羽＝人名）

読 項羽《こうう》をして秦《しん》を攻《せ》めしむ。

訳 項羽に秦を攻め**させる**。

例 **教**ム二人ヲシテ謀ラレ利ヲ。

読 人《ひと》をして利《り》を謀《はか》らしむ。

訳 人に利益を得ることを考え**させる**。

例 **遣**ム二将ヲシテ守ラレ関ヲ。

読 将《しょう》をして関《せき》を守《まも》らしむ。

訳 将軍**に**関を守ら**せる**。

基礎トレーニング

❶ 次の使役の句形を含む漢文の□に送り仮名を入れ、後の口語訳の〔　〕を完成させなさい。

① 使□二子《し》路《ろ》□□□問レ□之ヲ。（子路＝人名）

使□二子路□□□問レ□之ヲ。

訳 子路にこれを〔　　〕。

② 令□二四面ノ騎《き》□□□馳《はせ》下ラ一。（馳下＝駆《か》け下りる）

令□二四面ノ騎□□□馳セ下ラ一。

訳 四方の騎馬兵に〔　　〕。

③ 我教□三人□□□往カ二呉・楚ニ一。

我教□三人□□□往カ二呉・楚ニ一。

訳 私が人に呉や楚の地方に〔　　〕。

● 使役を暗示する動詞

①

命《ジテ》二A《ニ》一B（セ）シム　読 Aニ命ジテB（セ）シム　訳 Aに命令してBさせる

例 命《ジテ》レ子《ここ》《ニ》為《なサシム》レ之《ヲ》。

読 子《こ》に命《めい》じて之《これ》を為《な》さしむ。

訳 子どもに**命令して**これをやら**せる**。

②

説《とキテ》二A《ニ》一B（セ）シム　読 Aニ説キテB（セ）シム　訳 Aを説得してBさせる

例 説《キテ》二燕《えんノ》文侯《ニ》一、与《と》レ趙《ちょう》従《しょう》親《しんセシム》。（従親＝南北に同盟を結ぶこと）

読 燕《えん》の文侯《ぶんこう》に**説《と》きて**、趙《ちょう》と従親《しょうしん》**せしむ**。

訳 燕の文侯を**説得して**、趙と同盟を結ば**せる**。

③

遣《つかハシテ》二A《ヲ》一B（セ）シム　読 Aヲ遣ハシテB（セ）シム　訳 Aを派遣してBさせる

例 遣《ハシテ》レ人《ヲ》往《キ》看《セシム》。

読 人《ひと》を**遣《つか》はして**往《ゆ》き看《み》**せしむ**。

訳 人を**派遣して**行って見**させる**。

● 文意から使役に読む

例 扶《たすケテ》而去《ラシム》レ之《ヲ》。（扶＝助。而＝置き字）

読 扶《たす》けて之《これ》を去《さ》ら**しむ**。

訳 命を助けて去ら**せる**。

◆多くの場合は、使役に読む動詞（ここでは「去」）の下には、動作を受ける対象（ここでは「之」）がある。

---

❷ 次の書き下し文を参考に、漢文に訓点をつけなさい。

① 人《ひと》をして己《おのれ》を知《し》らしむ。

使 人 知 己。

訳 人に自分のことを知らせる。

② 蘇《そ》武《ぶ》をして匈《きょう》奴《ど》に使《つか》ひせしむ。（蘇武＝人名）

遣 蘇 武 使 匈 奴。

訳 蘇武を匈奴へ派遣して使いに行かせる。

③ 故人《こじん》に命《めい》じて之《これ》を書《しょ》せしむ。（故人＝友人）

命 故 人 書 之。

訳 友人に命令してこれを書かせる。

④ 夫差《ふさ》に説《と》きて越《えつ》を赦《ゆる》さしむ。（夫差＝人名。越＝越の国の王）

説 夫 差 赦 越。

訳 夫差を説得して越王を許させた。

⑤ 燕之《えんこれ》に資《し》して、以《もっ》て趙《ちょう》に至《いた》らしむ。

燕 資 之、以 至 趙。

訳 燕王は彼に資金を与えて、趙の国に行かせた。

16 受身の句形

● 受身の助字

	読	訳
見る二―――一	―る	―れる
見らル二―――一	―らル	―られる

〈見＝被・所・為〉

例 是ヲ以テ見れタリレ放タ。

読 是《ここ》を以《もつ》て放《はな》たれたり。

訳 そういうわけで追放されてしまった。

◆「る・らル」は、受身の助動詞にあたるから、書き下し文ではひらがなにする。

例 以テ二軽重ヲ一被らルレ刑セ。

読 軽重《けいちょう》を以《もつ》て刑《けい》せらる。

訳 罪の軽重によって処罰される。

◆「見」のほかの「被・所」の例は、次の通り。

例 吾ガ命有リレ所らルルレ制セ矣。（矣＝置き字）

読 吾《わ》が命制《いのちせい》せらるる有《あ》り。

訳 私の運命は縛られているのだ。

▼受身とは、「だれかに何かをされる」という意味である。原則として「～る・～らル」および、それらを活用させて読むことが多い。なお、「於」が置き字として受身の意味を表すことにも注意する。

基礎トレーニング

❶ 次の受身の句形を含む――線部を書き下し文に直し、さらに口語訳しなさい。ただし、――線部には送り仮名を省略したところもある。

① 信ニシテ而(a)見レ疑、忠ニシテ而(b)被レ謗ソシラ。（謗＝非難する）

(a) 読 ／ 訳

(b) 読 ／ 訳

② 窮《きゅう》スル者ハ常ニ制二於人一。（制＝支配する）

読 ／ 訳

③ 不レ信二乎朋友一。（朋友＝友人）

読 ／ 訳

④ 欺《あざむ》クレ人ヲ者ハ、却《かヘッテ》為二人所一レ欺。（欺＝だます）

読 ／ 訳

● **置き字で受身を表す**

B(セ)ラル二 於 Aニ一
〈於＝乎・于〉

読 AニB(セ)ラル
訳 AにBされる

◆「於」は置き字だから読まないが、原則として上の用言(B)を「―ラル」と読む。

例 虎 反《かへ》ッテ 服セラル二 **於** 狗《いぬ》ニ一。

読 虎《とら》反《かえ》って狗《いぬ》に服《ふく》せらる。
訳 虎は反対に犬に**征服される**。

● **「為A所B」で受身を表す**

為《な》ル二 A ノ 所《ところ》トレ B(スル)

読 AノB(スル)ところトなル
訳 AにBされる

例 後《おく》ルレバ 則チ **為**ル二 人ノ **所**トレ 制スル。

読 後《おく》るれば則《すなわ》ち人《ひと》の制《せい》する所《ところ》と為《な》る。
訳 後手に回ると人に**抑えられる**。

◆右の句形を「**為**《ため》ニレ **A** ノ **所**《ら》ルレ **B** セ」(Aの為《ため》にBせらる)と読むこともできる。口語訳は同じになる。

● **文意から受身に読む**

例 松《しょう》 柏《はく》 **摧**《くだ》カレテ 為《な》ルレ 薪《たきぎ》ト。

読 松柏《しょうはく》**摧**《くだ》**かれて**薪《たきぎ》と為《な》る。
訳 松や柏《かしわ》は**切られて**薪となる。

◆受身を表す語はないが、そのままでは意味が通じないので、受身の助動詞「ル・ラル」を捕って受身に読む。

---

❷ **次の書き下し文を参考に、漢文に訓点をつけなさい。**

① 三《み》たび仕《つか》へ三《み》たび君《きみ》に逐《お》はる。

三 仕 三 見 逐 於 君。 (於＝置き字)

訳 三度仕えて、三度とも主君に追放される。

② 殺《ころ》されし者《もの》は赤帝《せきてい》の子《こ》なり。

所 殺 者 赤 帝 子 也。

訳 殺されたのは赤帝の子どもである。

③ 奴隷人《どれいじん》の手《て》に辱《はずか》しめらる。

辱 於 奴 隷 人 之 手。

訳 しもべらの手でひどい扱いをされる。

④ 烏《からす》の肉《にく》を盗《ぬす》む所《ところ》と為《な》る。

為 烏 所 盗 肉。

訳 烏に肉を盗まれる。

⑤ 恵王《けいおう》に用《もち》ゐられず。

恵 王 不 用。

訳 恵王に採用されない。

17 比較・選択の句形

▼「他のものと性格や状態などを比べて優劣をつける」比較の句形と、「どちらか一方を選ぶ」選択の句形とは、表裏一体をなしているので、ここでは、「比較・選択の句形」としてまとめてある。

1 比較の句形

● 比較の置き字

AハC(ナリ)二 於 B ヨリモ一　読 AハBヨリモC(ナリ)　訳 AはBよりもCだ

〈於＝乎・于〉

例 霜葉ハ紅《くれなゐ》ナリ二於 二月ノ花ヨリモ一。

読 霜葉《そうよう》は二月《にがつ》の花《はな》よりも紅《くれない》なり。

訳 霜に打たれて色づいた葉は、二月に咲く花よりも赤く美しいのだ。

◆「於」は置き字なので読まないが、下の体言(Bにあたる)に「ヨリモ(ヨリ)」と送り仮名をつける。

● 二字で比較を表す

① Aハ 不《ず》レ 如《し》カ二 B ニ一　読 AハBニしカず　訳 AはBに及ばない

〈不レ如＝不レ若〉

例 百聞ハ不レ如カ二一見ニ一。

読 百聞《ひゃくぶん》は一見《いっけん》に如《し》かず。

訳 百回聞くことは一回見ることに及ばない。

② 莫《な》シレ 如《し》クハ二 A ニ一　読 Aニしクハなシ　訳 Aに及ぶものはない Aが一番だ

〈莫レ如＝莫レ若・無レ如・無レ若〉

基礎トレーニング

❶ 次の漢文の——線部を書き下し文に直し、さらに口語訳しなさい。ただし、——線部の送り仮名を省略したところもある。

① 其ノ聞クレ道ヲ也《や》、先ナリ二乎吾ニ一。

読 其の道を聞くや、

訳 人としての道を聞いた点では、

② 地ノ利ハ不レ如二人ノ和ニ一。

読 地の利は

訳 地勢の有利さは

③ 衣ハ莫レ若レ新シキニ。

読 衣は

訳 着物は

例　知ルハレ臣ヲ莫《な》シレ如《し》クハレ君ニ。

読　臣《しん》を知るは君《きみ》に如《し》くは莫《な》し。

訳　臣下を知っているという点では君主が一番だ。

2 選択の句形

①

寧《むし》ロ　A　ストモ　無《な》カレ二B一スル　〈無＝莫・勿・毋〉	読　むしロAストモBスルなカレ　訳　いっそAしてもBするな

例　寧ロ為《な》ルトモ二鶏口ト一、無カレ為ル二牛後ト一。

読　寧《むし》ろ鶏口《けいこう》と為《な》るとも牛後《ぎゅうご》と為《な》る無《な》かれ。

訳　いっそ鶏の口ばしになっても牛の尻になるな。

②

与《よ》リハ二A一寧《むし》ロB	読　AよリハむしロB　訳　AよりはBのほうがよい

例　与リハ二人ノ刃《やいば》センレ我ニ一、寧ロ自《じ》刃《じん》セン。

読　人《ひと》の我《われ》に刃《やいば》せんよりは寧《むし》ろ自刃《じじん》せん。

訳　人に私が殺されるよりは自害したほうがよい。

◆「不レ如《カ》」「莫レ如《シクハ》」「与《リハ》」の書き下し文は、原則に従い助動詞と助詞にあたる漢字をひらがなにする。

・不レ如《カ》 → 如《し》かず（動詞・助動詞）　・莫レ如《シクハ》 → 如《し》くは莫《な》し（助詞・形容詞）

・与《リハ》 → よりは（助詞）

④　寧ロ人負《そむ》クトモレ我ニ、毋《な》二我負クコトレ人ニ

読　寧ろ人我に負くとも、[　　]

訳　いっそ人が自分を裏切っても、[　　]

---

❷ 次の漢文を読んで、後の問いに答えなさい。

孔子過グ二泰山ノ側《かたはら》ヲ一。①有リテ下婦人ノ哭《こく》スル二於墓ニ一者上而哀《かな》シゲナリ。夫《ふう》子《し》式《しょく》シテ而聴キレ之ヲ、②使メテ二子路ヲシテ問ハレ之ヲ曰ハク、「子《し》之哭スルや、壱《いつ》ニ似タリト二重ネテ有ルレ憂ヘ者ニ一。」而《すなは》チ曰ハク、「然《しか》リ。昔《むかし》者吾ガ舅《きう》死セリ二於虎ニ一。吾ガ夫又死セリレ焉《これ》ニ。今吾ガ子《こ》又死セリトレ焉ニ。」夫子曰ハク、「③何為レゾ不ルレ去ラ也《や》ト。」曰ハク、「無ケレバナリト二苛《か》政《せい》一。」夫子曰ハク、「小子識《しる》セレ之ヲ。④苛政猛二於虎一也ト。」（礼《らい》記《き》）

大声で泣く／先生。孔子のこと／車の前の横木に手をかけて会釈をする／孔子の門人／ひとえに／すると／しゅうと／人民に対する厳しい政治／師が弟子に呼びかける言葉／覚えておく

(1) ――線部①・④を書き下し文に直しなさい。（④は送り仮名省略）

①

④

(2) ――線部②・③を口語訳しなさい。

②

③

18 限定の句形

▼限定したり、強調したりするときに用いる句形である。文頭にある「ただ」（副詞）と文末にある「〜ノミ」（助字）が代表的な句形になる。なお、「〜ノミ」は助詞にあたるので、書き下し文では仮名にする。

● 限定の副詞

① 但《ダ》———《ノミ》
〈但＝唯・惟・徒・直〉
読 ただ——ノミ
訳 ただ——だけだ

例 但《ダ》聞《クノミ》二人語《ノ》響《キヲ》一。
読 但《た》だ人語《じんご》の響《ひび》きを聞《き》くのみ。
訳 ただ人の話し声が聞こえる**だけだ**。

◆下に「ノミ」と読む字がなくても、原則として「ただ——ノミ」と呼応させて読む。

② 独《リ》———《ノミ》
読 ひとり——ノミ
訳 ただ——だけだ

例 独《リ》秦《ノミ》能《ク》苦《シメン》レ趙《てう》ヲ。
読 独《ひと》り秦《しん》のみ能《よ》く趙《ちょう》を苦《くる》しめん。
訳 **ただ**秦**だけ**が、趙を苦しめることができるだろう。

◆「独リ」が「一人」の意味ではなく、「ただ」の意味で使われるときは、「ノミ」と呼応させて読む。

基礎トレーニング

❶ 次の漢文の——線部を書き下し文に直しなさい。ただし、送り仮名を省略したところもある。

① 父母《ハ》唯其《ノ》疾《やまひヲ》之《レ》憂《うフル》。

父母は

訳 父母はただその子の病気を心配するだけだ。

② 惟仁者能《ク》好《ミ》レ人《ヲ》、能《ク》悪《にくム》レ人《ヲ》。

能く人を好み、能く人を悪む。

訳 ただ仁者だけが好むべき人を好み、憎むべき人を憎むことができる。

③ 今独臣有《リ》レ船。

今

訳 今はただ私だけが船を持っている。

● 限定の助字

―耳・―已・―爾 ―而已・―而已矣	読 ――ノミ 訳 ――だけだ

例 亡《うしな》ヘル二両騎ヲ一耳《のみ》。

読 両騎《りようき》を亡《うしな》へるのみ。

訳 二騎を失っただけだ。

例 生キテ還《かへ》レル者、僅《わづ》カニ三人而《の》已《み》。

読 生《い》きて還《かえ》れる者《もの》、僅《わず》かに三人《さんにん》のみ。

訳 生きて戻ったのは、わずか三人だけだ。

例 求ムル二其ノ放心ヲ一而《の》已矣《み》。

読 其《そ》の放心《ほうしん》を求《もと》むるのみ。

訳 その失われた本心を求めるだけだ。

◆「のみ（耳・已・爾・而已・而已矣）」は助詞にあたるから、書き下し文ではひらがなにする。

● 限定の副詞と助字の組み合わせ

直《ただ》――耳《のみ》	読 ただ――のみ 訳 ただ――だけだ
〈直＝但・唯・惟・従／耳＝已・爾・而已・而已矣〉	

例 直ダ不ル二百歩ナラ一耳《のみ》。

読 直《た》だ百歩《ひやつぽ》ならざるのみ。

訳 ただ百歩でないだけだ。

---

④ 口耳之間ハ、四寸耳。

訳 口と耳との間は、四寸離れているだけだ。

⑤ 放《はう》辟《へき》邪《じや》侈《し》、無レ不レ為サ已。

放辟邪侈、

訳 かって気ままで、したい放題にやらないものはないだけだ。

⑥ 書ハ足ル三以テ記スニ二姓名ヲ一而已。

書は

訳 字は姓名を書くのに役立つだけだ。

⑦ 夫子之道ハ忠《ちゆう》恕《じよ》而已矣。

夫子の道は

訳 先生が教えられる道はまごころと思いやりだけだ。

⑧ 不ルレ好マレ名ヲ者ハ、惟公《こう》一《いち》人《にん》而已。（公＝あなた）

名を好まざる者は、

訳 名声を好まない人は、ただあなたひとりだけだ。

注 「一人」は「ひとり」と読んでも意味は同じになる。

19 仮定の句形

▼「もし～ならば」「たとえ～しても」などと、あることを条件にして、予想される結果を述べる句形である。仮定を表す「もし」は副詞にあたるから、書き下し文では漢字にする。

● 仮定の副詞

①

如《も》シ ――― バ　〈如＝若・仮・向使〉

読 もシ――バ

訳 もし――ならば

例 **如シ従㆑ハバ軍ニ不㆓敢《あ》ヘテ期㆒㆑セ生ヲ。**

読 如《も》し軍《ぐん》に従《したが》はば敢《あ》へて生《せい》を期《き》せず。

訳 **もし**従軍する**ならば**少しも生還を期待しない。

②

荀《いや》シクモ ――― バ

読 いやシクモ――バ

訳 もし――ならば

例 **荀シクモ富貴トナラバ、無㆓カラン相《あひ》忘㆒ルルコト。**

読 荀《いや》しくも富貴《ふうき》とならば、相忘《あいわす》るること無《な》からん。

訳 **もし**金持ちや高い身分に**なっても**、互いに忘れることはないだろう。

◆①・②の「――バ」の直前の活用形は未然形がくる。文語文法では、「未然形＋バ」が仮定を表す。ただし、漢文では、古文ほど接続に厳密でなく、

例 無㆓ケレバ恒産㆒、無㆓シ恒心㆒。

訳 一定の職業がなければ、一定不変の良心も持てない。

のように「已然形＋バ」で仮定に訳す場合もある。

基礎トレーニング

❶ 次の漢文の□に送り仮名を入れなさい。

① 如□至㆓□□乎大病㆒ニ、則チ如㆑之ヲ何セン。

如□至㆓□□乎大病㆒ニ、……

訳 もし重病になったならば、そのときはどうしようか。

② 学《がく》若□不㆑ン□成ラ、死ストモ不㆑還《かへ》ラ。

学若□不㆑ン□成ラ……

訳 学問がもし成しとげられないならば、死んでも(故郷に)帰らない。

③ 荀□□□有㆑□□過チ、人必ズ知㆑ル之ヲ。

荀□□□有㆑□□過チ、……

訳 もし間違いがあったならば、人は必ず気づいてくれる。

③

縦《たとヒ》――トモ
〈縦＝縦令・仮令〉

読 たとヒ――トモ
訳 たとえ――としても

例 縦《ヒ》彼《ハ》不《トモ》レ言《ハ》、我《ハ》恥《ヅ》レ之《ヲ》。

読 縦《たと》ひ彼《かれ》は言《い》はずとも、我《われ》は之《これ》を恥《は》づ。
訳 たとえ彼が言わなかったとしても、私はこのことを恥ずかしく思う。

● **使役形で仮定を表す**

使《メバ》二A《ヲシテ(セ)》B一

読 AヲシテB(セ)しメバ
訳 もしAにBさせたならば

例 使《メバ》二民《ヲシテ》衣食有《ラ》レ余《リ》、自《ラ》不《ラン》レ為《サ》レ盗《ヲ》。

読 民《たみ》をして衣食《いしょくあま》余り有《あ》らしめば、自《おのずか》ら盗《とう》を為《な》さざらん。
訳 **もし**人民**に**衣食を十分に**させたならば**、自然に盗みなどしなくなるだろう。

● **文意から仮定に読む**

例 西《ノカタ》出《デナバ》二陽関《ヲ》一無《カラン》二故人一。

読 西《にし》のかた陽関《ようかん》を出《い》でなば故人《こじん》無《な》からん。
訳 **もし**西の方の陽関を**出発したならば**、もう親しい友人はいなくなるだろう。

◆「出でなば」の「な」は、完了の助動詞「ぬ」の未然形。「ば」が接続助詞だから、「未然形＋ば」で仮定を表している。

④ 縦□我不《□□》レ往《ゆカ》、子《し》何《ゾ》不《ル》レ来《タラ》。

縦□我不レ往□□カ、……

訳 たとえ私が行かなかったとしても、あなたはどうして来ないのか。

❷ **次の漢文はいずれも仮定を表している。それぞれの――線部を書き下し文に直しなさい。ただし、送り仮名を省略したところもある。**

① 使《ヒ》二臣用《ヒ》レ之《ヲ》、則《チ》君反《かヘッテ》制《セラル》二於臣《ニ》一矣。(於・矣＝置き字)

則ち君反って臣に制せらる。

訳 もし臣下にこれを使わせたならば、そのときは君主は逆に臣下に制圧されるだろう。

② 朝《あしたニ》聞レ道、夕《ゆふべニ》死可《カナリ》矣。(矣＝置き字)

訳 もし朝に人としてのあるべき道を聞くことができたならば、その日の夕方に死んだとしてもよい。

③ 并《あはセテ》レ力《ヲ》西《ニ》向、秦必《ズ》破《レン》矣。(矣＝置き字)

秦必ず破れん。

訳 もし力を合わせて西に向かったなら、秦はきっと敗れるだろう。

20 抑揚の句形

▼抑揚とは、「AでさえもBだ」と初めに抑えぎみに軽い内容を述べ、次に「ましてCはなおさらDだ」と強調したい内容を持ち揚げて述べる表現法である。従って、後半に述べたいことの中心がある。

● 副詞と助字の組み合わせ

①

A《スラ》B、況《いはンヤ》C《ヲ》乎《や》

読 AスラB、いはンヤCヲや

訳 AでさえもBだ、ましてCはなおさらBだ

〈乎＝哉〉

例 天子《スラ》不《レ》召《サ》師《ヲ》、而《しかルヲ》況《いはンヤ》諸侯《ヲ》乎《や》。
（A：天子　B：不召師　C：諸侯）

読 天子《てんし》すら師《し》を召《め》さず、而《しか》るを況《いわ》んや諸侯《しょこう》をや。

訳 天子**でさえも**先生を呼びつけたりしない**のだ**、それなのに**まして**諸侯**はなおさら**呼びつけたりしてはいけない**のだ**。

◆「況」の前に「而」があって、二字で「しかルヲいはンヤ」と読み、「況」を強調した言い方になる。口語訳は、二字で「それなのにまして」と訳す。

◆次の例のように、「而」は、ほとんどの場合、接続を表す置き字のため、読まないで書き下し文でも書かないことが多い。しかし、ここのように「しかルヲ」と接続詞として読んでいる場合は、書き下し文では「而るを」と表記する。

例 学《ビテ》而時《ニ》習《フ》レ之《ヲ》。

読 学《まな》びて時《とき》に之《これ》を習《なら》ふ。

訳 学んで、機会あるごとに復習する。

基礎トレーニング

❶ 次の漢文を書き下し文に直し、後の口語訳の〔　〕を完成させなさい。

① 禽《きん》獣《じゅうスラ》知《ル》レ恩《ヲ》、而《ルヲ》況《ンヤ》於《イテ》レ人《ニ》乎。

読 〔　　　　〕

訳 鳥や獣〔　　〕恩を知っているのだ、それなのに〔　　〕

② 臣、死《スラ》且《ツ》不《レ》避《ケ》、卮《し》酒《しゅ》安《クンゾ》足《ランヤ》レ辞《スルニ》。

（卮酒＝一杯の酒。足《ル》レ辞《スルニ》＝辞退する）

読 〔　　　　〕

訳 私は、死〔　　〕恐れないのだ、〔　　〕

②

A《スラ》［且《カツ》／猶《なホ》］B、況《いはンヤ》Cヲ乎《や》

読 Aスラ［かツ／なホ］B、いはンヤCヲや

訳 AでさえもBだ、ましてCはなおさらBだ

〈猶＝尚〉

例 死スラ且ツ不レ避ケ、況ンヤ断ツレ手ヲ乎。

（A＝死、B＝不避、C＝断手）

読 死《し》すら且《か》つ避《さ》けず、況《いは》んや手《て》を断《た》つをや。

訳 死でさえも避けないのだ、まして手を切ることなどはなおさら避けないのだ。

③

A《スラ》［且《カツ》／猶《なホ》］B、安《いづクンゾ》Cセン乎《や》

読 Aスラ［かツ／なホ］B、いづクンゾCセンや

訳 AでさえもBなのに、どうしてCしようか、いや、Cしない。

例 将軍スラ且ツ死セリ、妾《せふ》安クンゾ用ヒンレ生ヲ乎。（妾＝私）

（A＝将軍、B＝死、C＝用生）

読 将軍《しやうぐん》すら且《か》つ死《し》せり、妾安《しやういづ》くんぞ生《せい》を用《もち》ひんや。

訳 将軍でさえも死んだのに、私がどうして生きていられようか、いや、生きてはいられない。

◆「安くんぞ――んや」の反語表現（29ページ）が加わった抑揚の句形である。

---

❷ 次の漢文を読んで、後の問いに答えなさい。

隗《くわい》（昭王の臣下）曰ハク、「古《いにしへ》之君ニ①有以千金使涓《けん》人《じん》（御用係）求千里馬者。（一日に千里を走る名馬）買ヒテ二死馬ノ骨ヲ五百金ニ一而返ル。君（昭王のこと）怒ル。涓人曰ハク、②『死馬スラ且ツ買フレ之ヲ。況ンヤ生ケル者ヲ（生きている馬）乎。馬今ニ至ラント矣。』不シテ二期年ナラ一（まる一年）、千里ノ馬至ル者三アリ。今、王必ズ欲セバレ致サントレ士ヲ（賢人を招く）、先ヅ従リレ隗始メヨ。③況ンヤ賢ナル二（立派な）於隗ヨリモ一者、豈ニ遠シトセン二千里ヲ一哉ト。」於テレ是ニ（そこで）昭王為ニレ隗ノ改メテ築キレ宮ヲ（住居）、師トシテ事フ之ニ（隗を先生と尊んで仕えた）。於テレ是ニ士争ヒテ趨《おもむ》クレ燕ニ（集まって来る）。

（十八史略）

(1) ――線部①の書き下し文を参考に、漢文に訓点をつけなさい。

読 千金《せんきん》を以《もつ》て涓人《けんじん》をして千里《せんり》の馬《うま》を求《もと》めしむる者《もの》有《あ》り。

有以千金使涓人求千里馬者。

(2) ――線部②・③を口語訳しなさい。

②

③

21 詠嘆（感嘆）の句形

▼句形の名称は、教科書や参考書によって「詠嘆」や「感嘆」とあって、統一されていない。本書では「詠嘆（感嘆）」で統一してある。疑問や反語を用いて詠嘆（感嘆）を表すこともある。

●文頭の感動詞

嗚呼・噫　読 ああ　訳 ああ
〈嗚呼・噫＝于嗟・嗟呼・嗟・嘻〉

例 **嗚呼《ああ》**、其レ真《しん》ニ無キレ馬邪《か》。
読 嗚呼《ああ》、其《そ》れ真《しん》に馬《うま》無《な》きか。
訳 **ああ**、名馬は本当にいないのだろうか。

例 **噫《ああ》**、天《てん》喪《ほろ》ボセリレ予《よ》ヲ。
読 噫《ああ》、天予《てんよ》を喪《ほろ》ぼせり。
訳 **ああ**、天は私を滅ぼしてしまった。

●感動の助字を文末に用いる

哉　読 かな　訳 だなあ
〈哉＝夫・矣・乎・与・也夫・乎哉〉

例 哀シイ**哉《かな》**。　読 哀《かな》しいかな。　訳 悲しい**なあ**。

◆「かな」は、助詞にあたるから、書き下し文ではひらがなにする。

◆文頭の感動詞と文末の感動の助字を重複して用いる場合もある。例 **嗚《あ》呼《あ》**、哀《かな》シイ**哉《かな》**。

基礎トレーニング

❶ 次の漢文を書き下し文に直しなさい。ただし、＝線部はひらがなにすること。

① 嗚呼、滅セル二六《りつ》国《こく》ヲ一者ハ六国也。
訳 ああ、六国を滅ぼしたのは六国自身だ。

② 嗟呼、世《せ》事《じ》無シレ不ルハレ然《しか》ラ。
訳 ああ、この世の事でこうでないものはない。

③ 逝《ゆ》ク者ハ如キレ斯《か》クノ夫。
訳 過ぎ去って行くものは、このようなものだなあ。

④ 莫《な》キ二我ヲ知ルモノ一也夫。
訳 私を理解してくれる人がいないことだなあ。

● 疑問や反語を用いて感動を表す

①

何ゾ ―― 也《や》

読 なんゾ――や
訳 なんと――ことよ

例 汝ノ来タル何ゾ其レ晩《おそ》キ也《や》。

読 汝《なんじ》の来《き》たる何《なん》ぞ其《そ》れ晩《おそ》きや。

訳 お前の来るのは**なんと**遅かった**ことよ**。

◆24ページの疑問のところで同じ形の句形を扱っているが、口語訳は詠嘆(感嘆)が「なんと――ことよ」に対し、疑問は「どうして――か」となっていることに注意する。詠嘆(感嘆)に訳すか、疑問に訳すかは、前後の文脈によって判断しなければならない。

②

豈《あ》ニ 不《ず》二 ―― 一 哉《や》

読 あニ――ずや
訳 なんと――ではないか

例 **豈《あ》ニ不**レ悲シカラ**哉《や》**。

読 豈《あ》に悲《かな》しからずや。

訳 **なんと**悲しいこと**ではないか**。

③

不《ず》二 亦《また》 ―― 一 乎《や》

読 また――ずや
訳 なんと――ではないか

◆本書では、この句形を反語に分類し、31ページで扱っている。詠嘆(感嘆)でも反語でも、読み方と訳し方は同じであるから、分類は教科書に従い、読みと意味をしっかり覚えておくこと。

---

❷ 次の詠嘆(感嘆)の句形を含む漢文を書き下し文に直し、さらに口語訳しなさい。送り仮名を省略したところもある。

① 何楚《そ》人《ひと》之多キ也。(楚人＝楚の国の人)

読

訳

② 豈不二誠ノ大《だい》丈《ぢやう》夫《ふ》ナラ一乎。(大丈夫＝立派な男子)

読

訳

③ 不二亦遠カラ一乎。

読

訳

❸ ❷の①の漢文の「何―也」を疑問の句形とした場合の口語訳を答えなさい。

22 願望の句形

▼願望の句形には、「〜してください」という相手への願望を表すものと、「〜させてください」という自分の希望を表すものとの二つの言い方がある。これらの違いの見分け方は、文末に注目するとよい。

● 願望の動詞

①

願ハクハ――命令形	読 ねがハクハ――命令形	訳 どうか――してください
願ハクハ――ン	読 ねがハクハ――ン	訳 どうか――させてください

〈願＝幸〉

◆願望の句形の二つの訳し方の違いは次のようになる。

文末が〈 命令形 → 相手への願望（してください）
　　　　――ン → 自分の希望（させてください）

これは、次の②・③にもあてはまる。

例 願ハクハ大王急ギ渡レ。〈相手への願望〉

読 願《ねが》はくは大王《だいおう》急《いそ》ぎ渡《わた》れ。

訳 どうか大王様、急いで渡ってください。

②

請《こ》フ――命令形	読 こフ――命令形	訳 どうか――してください
請フ――ン	読 こフ――ン	訳 どうか――させてください

例 請フ以テレ剣ヲ舞ハン。〈自分の希望〉

読 請《こ》ふ剣《けん》を以《もつ》て舞《ま》はん。

訳 どうか剣舞をさせてください。

基礎トレーニング

❶ 次の白文を、①相手への願望・②自分への希望を表すように書き下し文に直し、さらに口語訳しなさい。

願学焉。（焉＝置き字）

① 読　　訳

② 読　　訳

❷ 次の漢文を書き下し文に直し、さらに口語訳しなさい。

① 願ハクハ使メヨ三臣ヲシテ為タラ二良臣一。（臣＝私。良臣＝善良な臣下）

読

訳

② 請フ以テレ戦ヲ喩《たと》ヘン。（戦＝戦争。喩＝たとえる）

読

訳

←ひっぱると，はずして使えます。

Training Note

トレーニングノート α

基本 漢文句法

解答・解説

解答編

(高)トレーニングノートα　基本漢文句法

※ 解答 の書き下し文には、参考までに振り仮名をつけてある。

1 漢文訓読の基礎 ①

解答 ❶ (4ページ)

① 天《ハ》長《ク》地《ハ》久《シ》。
② 独《リ》立《チ》独《リ》歩《ム》。
③ 日暮《レテ》、途遠《シ》。

解説

① 「**天長**」と「**地久**」が並立の関係だから、「**長**」の送り仮名は「**長ク**」と連用形に読み、「**久**」は「**久シ**」と終止形に読む。
② 「**独立**」と「**独歩**」が並立の関係だから、「**立**」の送り仮名は「**立チ**」と連用形に読む。
③ 「**日暮**」と「**途遠**」は、上の二字が下の二字につながっているので、「**暮**」の送り仮名は「**暮レテ**」と接続助詞「**テ**」をつけて読む。「**遠**」は「**遠シ**」と終止形に読む。

解答 ❷ (5ページ)

① 国破《レテ》山河在《リ》。
② 秋風起《チテ》白雲飛《ブ》。
③ 人之性《ハ》悪《ナリ》。
④ 光陰者百代之過客《ナリ》。
⑤ 恵王曰《ハク》、「善《シト》」。乃《チ》止《ム》。

解説

① 示されている読み方のうち、漢字に仮名がついている部分を送り仮名にするとよい。
② ①と同じように考えるとよい。
③ 本冊5ページの上段の「**送り仮名の原則**」の⑸にあるように、「**之**」は「**の**」と読むため、「**人**《ノ》」と送り仮名はつけない。
④ ③と同じように、「**者**」は「**は**」と読むため、「**光陰**《ハ》」と送り仮名をつけない。「**之**」も③と同じ扱いになる。
⑤ 会話文の終わりに「**ト**」を送るケース。「『**善し。**』**と。**」は、「**善**《シト》。」と送り仮名をつける。「**乃**」は、「**すなはチ**」(本冊5ページ上段⑷)と読む接続詞。

2 漢文訓読の基礎 ②

解答 ❶ (6ページ)

① [3]レ [2]レ [1] [4]。
② [2]レ [1] [4]レ [3]。
③ [1] [4]二 [2] [3]一。
④ [2]レ [1] [5]二 [3] [4]一。
⑤ [1] [5]二 [2] [4]一レ [3]。
⑥ [7]下 [3]二 [1] [2]一 [6]中 [4] [5]上。
⑦ [8]下 [5]三 [1] [4]二 [2] [3]一 [7]上レ [6]。

解説

返り点とは、必ず下から上へ返って読むときに使う記号であることを頭に入れておく。それぞれの記号のポイントは、
レ点……すぐ下の一字から返って読む記号。
一二点……二字以上離れた下の字から返って読む記号。
上中下点……一二点をはさんで上に返って読む記号。

ということは、しっかり覚えておく。また、最初に読む漢字は返り点のついていない漢字であることにも注意する。

⑤の「一レ」の返り点は、まずレ点に従ってすぐ下の一字から返り、次に一二点に従って□二の漢字に返って読む。⑦の「上レ」も、基本的には⑤と同じように考えるとよい。レ点ですぐ下の一字から返り、次に上下点に従って□下の漢字を読むことになる。

解答 ❷（6ページ）

① [1] [3]レ [2]。
② [1] [2] [5]二 [3] [4]一。
③ [5]レ [4]二 [1] [3]レ [2]。
④ [5]下 [3]二 [1] [2]一 [4]上。
⑤ [4]レ [3]二 [1] [2]一、[8]レ [7]二 [5] [6]一。

解説

最初に読む漢字には返り点がつかないので、[1]に返り点をつけないこと、前ページの下段でまとめた各返り点のポイントを押さえながら考える。①は、[3]と[2]はすぐ下の一字から返っているからレ点でよい。②は、[4]から[5]へは、[3]をはさんでいるから一二点になる。③は、[5]と[4]はすぐ下の一字から返っているからレ点。[3]から[4]へは、[1]をはさんでいるから一二点を使い、さらに[3]と[2]はすぐ下の一字から返っているからレ点を使うことになるので、[3]には「一レ」をつけるとよい。④は、[2]から[3]へは[1]をはさんでいるので一二点を使う。[4]から[5]へは、一二点を使っている[3][1][2]をはさんでいるので上下点を使う。⑤は、[2]の下に読点があるから、[4]から[2]と[8]から[6]の二つに分けて考えるとよい。

解答 ❸（7ページ）

① 備《そな》へ有《あ》れば憂《うれ》ひ無《な》し。
② 頭《こうべ》を挙《あ》げて山月《さんげつ》を望《のぞ》む。
③ 術《じゅつ》を善《よ》くする者《もの》有《あ》り。
④ 身《み》づから之《これ》に事《つか》ふるを得《え》ん。
⑤ 鳥獣《ちょうじゅう》を売《う》る者《もの》有《あ》り。

解説

送り仮名は歴史的仮名遣いが用いられているので、読み方を答える場合は、送り仮名の表記に注意する。それぞれの漢文の読む順序は次のようになる。

① [2]レ [1] [4]レ [3]。　② [2]レ [1] [5]二 [3] [4]一。
③ [4]二 [2]レ [1] [3]一。　④ [4]二 [1] [3]レ [2]。
⑤ [5]下 [3]二 [1] [2]一 [4]上。

この読み方に従って、それぞれの漢字についている送り仮名をひらがなで表記するとよい。

3 漢文訓読の基礎 ③

解答 ❶（8ページ）

① 少年《しょうねん》老《お》い易《やす》く、学《がく》成《な》り難《がた》し。
② 水《みず》清《きよ》ければ大魚《たいぎょ》無《な》し。
③ 朋《とも》有《あ》り、遠方《えんぽう》より来《き》たる。
④ 人《ひと》学《まな》ばざれば、道《みち》を知《し》らず。

解説

①の「**易く**」と「**難し**」、②の「**無し**」は形容詞にあたるから漢字表記にする。③の「**自**」は「**より**」と読み、助詞にあたるからひら

がなにする。④の二つの「**不**」は、ともに打消の助動詞「ず」で、上は「**ざれば**」、下は「**ず**」と読む。助動詞にあたるからひらがなにする。句読点も原文通り正確に答えるようにする。

解答 ❷ (9ページ)

① 虎《とら》、百獣《ひゃくじゅう》を求《もと》めて之《これ》を食《く》らふ。
② 己《おのれ》に同《おな》じき者《もの》を愛《あい》す。
③ 夫差《ふさ》、越《えつ》を夫椒《ふしょう》に敗《やぶ》る。
④ 小人《しょうじん》の学《がく》は、耳《みみ》より入《はい》り、口《くち》より出《い》づ。
⑤ 此《こ》の絶境《ぜっきょう》に来《き》たり、復《ま》た出《い》でず。

解説

それぞれの漢文の下に( )で取り上げている漢字が置き字になる。置き字は書き下し文では書かなくてよい。①の「**之**」は、「**これ**」と読む代名詞にあたるから漢字表記にする。②の「**己**」は、「**おのれ**」と読む代名詞。「巳」(十二支の六番目で「み」と読み、ヘビを表す)や「已」(「い」と読み、古典文法の活用形の「已然形」などと用いる)とは違う漢字なので、書き写すときには注意する。③の「**夫差**」は人名、「**越**」は国名、「**夫椒**」は地名。④の「**之**」は「**の**」と読み、助詞にあたるからひらがなにする。⑤の「**此**」を「**この**」と読む場合は、古典文法では「**こ**」は代名詞、「**の**」は助詞となる。従って書き下し文では「**此の**」と表記する。「**不**」は助動詞だからひらがなにする。「**復**」は「**まタ**」と読み、副詞にあたる。

4　再読文字①

解答 ❶ (10ページ)

① 未《いま》だ与《とも》に議《ぎ》するに足《た》らざるなり。
② 吾将《われまさ》に子《し》に聴《き》かんとす。
③ 王且《おうまさ》に犀首《さいしゅ》を相《しょう》とせんとす。
④ 爾当《なんじまさ》に返《かえ》りて自《みずか》ら思《おも》ふべし。
⑤ 漢水《かんすい》も亦応《またまさ》に西北《せいほく》に流《なが》るべし。

解説

①「**未**」が再読文字。二度めの読みの「**ず**」は、「**也**《なり》」という断定の助動詞にあたる字に続くから、連体形「**ざる**」と読む。「**也**」は、助動詞にあたるから、書き下し文ではひらがなにする。「**与**《とも》**に**」の読み方は覚えておく。
②「**将**」が再読文字。「**子**」を「**し**」と読む場合は、学問や人格がすぐれた人に対する敬称になる。特に、孔子をさすことが多い。「**子**《し》」の読み方と意味は覚えておく。
③「**且**」が再読文字。「**将**」と「**且**」はセットで覚えておく。
④「**当**」が再読文字。「**将・且**」のグループと「**当・応**」のグループの読み方と意味を混同しないように注意する。「**爾**《なんじ》」は、二人称の人称代名詞。「**汝**」も同じ読み方と意味があるから、セットで覚えておく。
⑤「**応**」が再読文字。「**また**」と読む漢字には、「**亦**」以外に「**又・復・還**」などがある。

解答 ❷ (11ページ)

① 吾　未ダルレ　知ラ　也。

② 大樹将ニレ顚レント。

訳 （大きな樹が、）いまにも倒れようとする。

③ 若シ不ンバレ用ヒレ鞅ヲ当ニシレ殺スレ之ヲ。

訳 （もし鞅を登用しないのならば、）当然これを殺すべきだ。

解説

① ①吾 ②未だ ③知ら ④ざる ⑤なり。

①吾 ④未 ②知 ③也⑤。

再読文字「未」の二度めは、すぐ下の「知」から返って読むから、返り点はレ点をつけるとよい。文末の助動詞「なり」にあたるのが「也」である。

② ①大樹 ②将に ③顚れんと ④す。

①大 樹 ④②将 ③顚。

再読文字「将」の二度めは、「顚」から返って読むからレ点をつける。④の「す」はサ変動詞の終止形だから、「将」の左側には送り仮名は不要である。

③ ①若し ②鞅を ③用ひ ④ずんば ⑤当に ⑥之を ⑦殺す ⑧べし。

①若 ④不 ③用 ②鞅 ⑧⑤当 ⑦殺 ⑥之。

②→③→④、⑥→⑦→⑧への返り点は、いずれもすぐ下の漢字から返って読むからレ点をつけるとよい。「若し」は仮定を表す。「如シ・仮シ」も同じ読み方と意味があるから、セットで覚えておく。

5 再読文字②

解答 ❶（12ページ）

① 過《す》ぎたるは猶《な》ほ及《およ》ばざるがごとし。

② 今《いま》の楽《がく》は由《な》ほ古《いにしえ》の楽《がく》のごとし。

③ 須《すべか》らく少年《しょうねん》の時《とき》を惜《お》しむべし。

④ 小子《しょうし》宜《よろ》しく深《ふか》く戒《いまし》むべし。

解説

① 「猶」が再読文字。「不」は打消の助動詞にあたるから、書き下し文ではひらがなにする。

② 「由」が再読文字。二つの「之」は助詞にあたるから、書き下し文ではひらがなにする。

③ 「須」が再読文字。

④ 「宜」が再読文字。「宣」とは漢字が違うので注意する。

解答 ❷（13ページ）

(1) ① 賜フ二其ノ舎人ニ卮酒ヲ一。

③ 「吾能ク為ルト二之ガ足ヲ一。」

(2) ② 読 酒《さけ》を引《ひ》き且《まさ》に之《これ》を飲《の》まんとす。

訳 酒を手もとに引き寄せていまにも飲もうとした。

④ 読 未《いま》だ成《な》らざるに、一人《いちにん》の蛇《へび》成《な》る。

訳 まだ完成しないうちに、ほかのひとりの蛇が完成した。

解説

(1) ① ①其の ②舎人に ③卮酒を ④賜ふ。

④賜 ①其 ②舎 人 ③卮 酒。

①から③までは、順に下に読むから、返り点は不要で、送り仮名だ

けをつけるとよい。③から④への返り点は一二点を使う。

③ 吾①能く②之が③足を④為ると⑤。

「吾①能②為⑤之③足④。」

④から⑤への返り点は一二点を使う。ここは会話文だから、文末に「～ト」を送ることを忘れないようにする。

(2)

② 「**且**」が再読文字。「**まさニ――(ント)す**」と読む。

④ 「**未**」が再読文字。「**いまダ――ず**」と読む。「**之**」は助詞「**の**」と読む。

読み方 楚《そ》に祠《まつ》る者《もの》有《あ》り。其《そ》の舎人《しゃじん》に卮酒《ししゅ》を賜《たま》ふ。舎人相謂《しゃじんあいい》ひて曰《い》はく、「数人之《すうにんこれ》を飲《の》まば足《た》らず、一人之《いちにんこれ》を飲《の》まば余《あま》り有《あ》らん。請《こ》ふ地《ち》に画《えが》きて蛇《へび》を為《つく》り、先《ま》づ成《な》る者酒《ものさけ》を飲《の》まん。」と。一人蛇《いちにんへび》先《ま》づ成《な》り、酒《さけ》を引《ひ》き且《まさ》に之《これ》を飲《の》まんとす。乃《すなわ》ち左手《ひだりて》もて卮《し》を持《じ》し、右《みぎ》手《て》もて蛇《へび》を画《えが》きて、曰《い》はく、「吾《われ》能《よ》く之《これ》が足《あし》を為《つく》る。」と。未《いま》だ成《な》らざるに、一人《いちにん》の蛇《へび》成《な》る。其《そ》の卮《し》を奪《うば》ひて曰《い》はく、「蛇固《へびもと》より足《あし》無《な》し。子安《しいず》くんぞ能《よ》く之《これ》が足《あし》を為《つく》らんや。」と。遂《つい》に其《そ》の酒《さけ》を飲《の》む。蛇《へび》の足《あし》を為《つく》る者《もの》、終《つい》に其《そ》の酒《さけ》を亡《うしな》ふ。

口語訳 楚の国に神官がいた。その使用人に大杯に入れた酒を与えた。使用人たちがお互いに言うことには、「何人かでこれを飲むと足りないし、ひとりでこれを飲むと余ってしまうだろう。お願いだから、地面に蛇の絵を描いて、最初に完成した者が酒を飲もう。」と。ひとりの蛇の絵がまず完成し、(その人は)酒を手もとに引き寄せていまにも飲もうとした。そこで左手で大杯を持ち、右手で蛇の絵に描き(足し)ながら、言うことには、「私は蛇の足まで描ける。」と。(その人が)まだ(足を描き)終わらないうちに、ほかのひとりの蛇が完成した。(最初の人から)その大杯を奪い取って言うことには、「蛇にはもともと足はない。あなたはどうして蛇の足を描き上げられるだろうか、いや、描き上げることはできない。」と。(二番めの人が)とうとうその酒を飲んでしまった。蛇の足を描き上げた者は、とうとう酒を飲めなかった。

6 否定の句形 ①

解答 ❶ (14ページ)

① **読** (覆水《ふくすい》)盆《ぼん》に返《かえ》らず。 **訳** (ひっくり返った水は)盆にはもどらない。

② **読** (故《ゆえ》に)用《もち》ひず。 **訳** (だから)用いない。

③ **読** (人《ひと》は)木石《ぼくせき》に非《あら》ず。 **訳** (人は)木や石ではない。

④ **読** (百害《ひゃくがい》有《あ》りて、)一利《いちり》無《な》し。 **訳** (たくさんの害はあるが、)少しの利益もない。

⑤ **読** (左右皆泣《さゆうみなな》き、)能《よ》く仰《あお》ぎ視《み》るもの莫《な》し。 **訳** (左右の人々も皆泣いて、)仰ぎ見ることができる者がいない。

解説

②以外の各――線部に送り仮名をつけると次のようになる。

① 不レ返ラレ盆ニ。 ③ 非ズ二木石一ニ。 ④ 無シ二一利一。

⑤ 莫シ二能ク仰ギ視ルモノ一。

①の「**不**」と②の「**弗**」は、助動詞にあたるから、書き下し文ではひらがなにする。

解答 ❷ (15ページ)

① 無キハ二是非之心一非ザルレ人ニ也。

② 不ンバレ入ラ二虎穴一ニ、不レ得二虎子一ヲ。

解説

①の「**無**」と「**非**」が否定、「**也**」が断定、②の二つの「**不**」が否定と、それぞれ助動詞にあたるから、書き下し文ではひらがなになっている。

書き下し文と漢文は次のように対応しているから、漢字についているひらがなを漢文のそれぞれの漢字の送り仮名にするとよい。ただし、助詞にあたる「**之**」と助動詞にあたる「**也**」「**不**」は、書き下し文ではひらがなにすることに注意する。

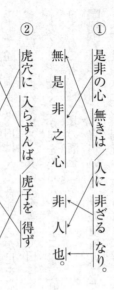

① 是非の心／無きは／人に／非ざる／なり。
　無是非之心非人也。

② 虎穴に／入らずんば／虎子を／得ず
　不入虎穴、不得虎子。

7 否定の句形②

解答 ❶ (16ページ)

① 決して私を食べてはいけない。
② 他人にもしてはいけない。
③ 君は笑ってはいけない。

解説

①の「**無**」、②の「**勿**」、③の「**莫**」は、いずれも送り仮名が「**カレ**」とあるから禁止を表している。「**勿**」は禁止の用例が中心になるが、「**無**」と「**莫**」は、否定にも用いられる。これらの漢字が禁止か否定かを見分けるためには、

(1)漢字に送り仮名「**カレ**」がついていれば禁止、それ以外の送り仮名は否定となる。

(2)漢字に送り仮名がついていない場合は、前後の文脈から判断しなければならない。禁止の場合は、確信をもってそうしてはいけないと、禁止する根拠が前後の文で述べられていることが多い。

①の「**レ**」は、まずレ点に注目して、我→食の順で読み、次に一二点に注目して、食→無の順で読む。

解答 ❷ (16ページ)

敢《あ》へて我《われ》を食《く》らふこと無《な》し。

解説

❶の「解説」で触れたように、「**無カレ**」が禁止を表しているから、送り仮名を「**無シ**」とすると否定の句形になる。

否定の句形＝無シ二敢ヘテ食ラフコトレ我ヲ。

訳 決して私を食べることはない。

解答 ❸ (17ページ)

① **読** (人《ひと》)飲食《いんしょく》せざる無《な》し。
　訳 (人で)飲食しないものはない。

② **読** (一民《いちみん》も)其《そ》の臣《しん》に非《あら》ざる莫《な》きなり。
　訳 (一人の人民も)その臣下でないものはないのだ。

③ **読** (子《し》の道《みち》を)説《よろこ》ばざるに非《あら》ず。
　訳 (先生の道を)喜ばないのではない。

④ **読** 義《ぎ》無《な》きに非《あら》ず、(為《な》さざるのみ。)
　訳 正義感がないのではない、(実行しないだけだ。)

解説

①と③の「**不**」は打消の助動詞「**ず**」の連体形「**ざる**」に、②の「**也**」は助動詞「**なり**」にあたるから、書き下し文ではひらがなにする。

②の口語訳の文末を「…**のだ**」と訳したのは、断定の助動詞「**也**」があるため。「…**のだ**」がなくても誤りとはいえないが、問題文に忠実に訳すことを心がけよう。

二重否定とは、「…**ないものはない**」や「…**ないのではない**」のように、「**無・不・莫・非**」などを二つ用いる表現法で、結局は強い肯定を表している。「**ないものはない**」とは「**ある**」ことを意味しているから、口語訳のときは、たとえば①を「すべて飲食する」としても間違いではないが、二重否定のニュアンスを生かすため、解答で示した訳し方をするように習慣づける。

8 否定の句形 ③

解答 ❶ (18ページ)

① 伯楽ハ不二常ニハ有一ラ。
訳 (名馬の鑑定家は)いつもいるとは限らない。

② 師ハ不三必ズシモ賢ナラ二於弟子一ヨリモ。
訳 (先生のほうが)必ず弟子よりもすぐれているとは限らない。

③ 黄鶴一タビ去リテ不二復タ返一ラ。
訳 (黄色い鶴は一度飛び去って)二度と返って来ない。

解説

いずれも部分否定の構文である。――線部を全部否定の構文に直すと次のようになる。

① 常ニ不レ有ラ。 **読** 常《つね》に有《あ》らず。 **訳** いつもいない。

② 必ズ不レ賢ナラ二於弟子一ヨリモ。 **読** 必《かなら》ず弟子《ていし》よりも賢《けん》ならず。 **訳** 必ず弟子よりもすぐれない。

③ 復タ不レ返ラ。 **読** 復《ま》た返《かえ》らず。 **訳** 今度も返って来ない。

「**不**」と副詞(①は「**常**」、②は「**必**」、③は「**復**」)の位置が、部分否定と全部否定では違っていることに気をつけよう。

なお、漢文で実際に出てくるのは部分否定で、全部否定はほとんど出てこないから、部分否定をしっかりマスターしておくこと。

②の「**於**」は、比較を表す置き字のため、読まなくてもよい。本冊36ページ参照のこと。

解答 ❷ (19ページ)

(1)
① 突き通すことができるものはない
② 突き通せないものはない
③ 答えることができなかったのである。
⑥ 二度と手に入れることができないで、

(2)
④ 宋人ニ有リ二耕スレ田ヲ者一。
⑤ 冀フ二復タ得ンコトヲレ兎ヲ。

解説

(1) ①の「**莫**」、③の「**弗**」は単純な否定、②の「**無レ不**」は二重否定、⑥の「**不　復**」は部分否定を表す。⑥の「**可**」は、できるという可能の意味。部分否定の間に入っているから、「**二度と――できない**」と訳すとよい。なお、①と③の「**能**」のうち、①は「**よク**＝できる」と読む。③の場合は、「**弗(不)**」がついて「**弗レ能**」となると「**あたハ(ず)**＝できない」と読む。①と②の――線部に下の「**也**」は含まれないが、③は「**也**」を含んでいるので、「――**のである**」と「**也**」を訳すことを忘れないようにする。句読点の有無にも細心の注意を払い、解答に反映させるようにする。

(2)　④は書き下し文に従って、「①宋人ニ⑤有リ③耕ス②田ヲ④者。」と送り仮名をつけ、それから読む順に従って返り点をつけるとよい。

④と同様に⑤は、「④冀フ①復タ③得ンコトヲ②兎ヲ。」となる。「兎を得んことを冀ふ」と「**復**」をはさんで返って読むから一二点をつけ、さらに「得んことを」は、一字返って読むからレ点をつけ、従って、「**得**」につく返り点はㆦ点となる。

読み方　Ⅰ　楚人《そひと》に盾《たて》と矛《ほこ》とを鬻《ひさ》ぐ者《もの》有《あ》り。之《これ》を誉《ほ》めて曰《い》はく、「吾《わ》が盾《たて》の堅《かた》きこと、能《よ》く陥《とお》すもの莫《な》きなり。」と。又其《またそ》の矛《ほこ》を誉《ほ》めて曰《い》はく、「吾《わ》が矛《ほこ》の利《とき》こと、物《もの》に於《お》いて、陥《とお》さざる無《な》きなり。」と。或《ある》ひと曰《い》はく、「子《し》の矛《ほこ》を以《もっ》て、子《し》の盾《たて》を陥《とお》さば、何如《いかん》。」と。其《そ》の人応《ひとこた》ふる能《あた》はざるなり。

Ⅱ　宋人《そうひと》に田《た》を耕《たがや》す者《もの》有《あ》り。田中《でんちゅう》に株《かぶ》有《あ》り。兎走《うさぎはし》りて株《かぶ》に触《ふ》れ、頸《くび》を折《お》りて死《し》す。因《よ》りて其《そ》の耒《すき》を釈《す》てて株《かぶ》を守《まも》り、復《ま》た兎《うさぎ》を得《え》んことを冀《こいねが》ふ。復《ま》た得《う》べからずして、身《み》は宋国《そうこく》の笑《わら》ひと為《な》る。

口語訳　Ⅰ　楚の国の人で盾と矛を売る人がいた。その盾をほめて言うことには、「私の盾の堅いことといったら、突き通すことができるものはないのだ。」と。また、その矛をほめて言うことには、「私の矛のするどいことといったら、どんな物に対しても、突き通せないものはないのだ。」と。(そこで)ある人が言うことには、「あなたの矛で、あなたの盾を突いたら、どうなるのか。」と。その人は答えることができなかったのである。

Ⅱ　宋の国の人で畑を耕している人がいた。畑の中に木の切り株があった。(そこへ)兎が走って来て切り株にぶつかって、首すじを折って死んでしまった。そこで(男は)自分のすきをほうり捨てて切り株を見守り、ふたたび兎(がぶつかって死んだらそれ)を手に入れようと強く願った。(しかし)兎は二度と手に入れることができないで、(かえって)自分自身は宋の国の笑い者になってしまった。

9　疑問の句形①

解答　❶ (20ページ)

① **読** (汝《なんじ》)なんぞ与《あた》ふる。
訳 (お前は)どうして与えたのか。

② **読** (死《し》して)なにをか為《な》さん。
訳 (死んでから)なにをしようか。

③ **読** (今夜《こんや》知《し》らず)いずれの処《ところ》にか泊《はく》するを。
訳 (今夜のことは分からない)どこに泊まるのかを。

④ **読** (子《し》)将《まさ》にいずくにか之《ゆ》かんとする。
訳 (あなたは)これからどこに行こうとするのか。

⑤ **読** (弟子《ていし》)たれか学《がく》を好《この》むと為《な》す。
訳 (門人の中で)だれが学問を好きだと言えるか。

⑥ **読** (君《きみ》と父《ちち》と)いずれか重《おも》き。
訳 (主君と父親とでは)どちらが大切か。

⑦ **読** (先生《せんせい》)なんすれぞ此《こ》の言《げん》を出《い》だす。

訳 (先生は)どうしてこのような言葉を言われたのか。

解説

それぞれの――線部中にある疑問詞を、書き下し文ではひらがなにせよという設問の指示を忘れないこと。本来の書き下し文では漢字表記になる。

④の「**将**」は再読文字。「**之**」には、「**これ・この**」(代名詞)、「**の**」(助詞)以外に、「**ゆく**(行く)」という読み方と意味がある。⑥の「**与**」は、「**A**ト **与**《と》レ **B**」(AトBと)の形で並列を表している。ここでは、Aが「君」、Bが「父」になる。

10 疑問の句形②

解答 ❶ (22ページ)

① 読 なにをもってか吾《わ》が国《くに》を利《り》する。
　訳 どうやってわが国に利益をもたらすのか。

② 読 今日《きょう》の事《こと》はいかん。
　訳 今日の様子はどうか。

③ 読 吾《わ》が民《たみ》をいかんせん。
　訳 わが人民をどうしたらよいか。

解説

①～③のいずれの疑問詞も、本来の書き下し文では漢字表記になる。

②の「**之**」は助詞にあたる「**の**」と読む。解答の口語訳では、「**事**」を「**様子**」と訳してあるが、「**状態**」や「**程度**」でもよい。③は、「**吾民**」が目的語になる。

解答 ❷ (23ページ)

① 読 (若《なんじ》は)吾《わ》が故人《こじん》に非《あら》ずや。
　訳 (お前は)私の昔なじみではないか。

② 読 (其《そ》れ真《まこと》に)馬《うま》無《な》きか。
　訳 (そもそも本当に良い)馬はいないのか。

③ 読 (十世《じっせい》)知《し》るべきか。
　訳 (十世先のことまで)知ることができるのか。

④ 読 (然《しか》らば則《すなわ》ち)師《し》愈《まさ》れるか。
　訳 (そうだとすれば)師の方がすぐれているか。

解説

①の「**乎**」は、「**非**《あら》**ず**」と打消の助動詞「**ず**」の終止形についているから、「**や**」と読む。これが「**非**《あら》**ざる**」となると、「ず」の連体形についているから、「**非**《あら》**ざるか**」と読むようになる。②の「**邪**」、③の「**也**」は、いずれも連体形(②は形容詞「無し」の連体形「無き」、③は助動詞「べし」の連体形「べき」)についているので、「**か**」と読む。④の「**与**」は、「**か**」としか読まない。

①の「**故人**」は、漢文でよく出てくるから、訳し方を正確に覚えておくこと。日本語の「死んだ人」という意味はなく、「**昔なじみ・旧友**」のことである。④の「**然**《しか》**らば則**《すなわ》**ち**」は二語でセットで出てくることが多い。「**そうだとすれば**」という口語訳とともに、読み方も覚えておくこと。「**師**」は「**先生**」のイメージが強いが、ここは、語注にあるように、固有名詞だから、口語訳は「師」のままでよい。

11 疑問の句形③

解答 ❶ (24ページ)

① どうして私を笑うのか。
② 自分で他国の者ではないと言うのはどうしてか。
③ いったいどこにいるのか。
④ どうして立ち去らないのか。

解説

いずれも疑問詞と疑問の助字を組み合わせたものである。訳し方は、①と②は「**何ぞ**」、③は「**安くに**」、④は「**何為れぞ**」の疑問詞だけの場合と同じである。疑問を表す語を重ねて用いることで疑問を表す気持ちが強くなっているが、口語訳では一語の疑問詞の場合と同じように訳すとよい。

解答 ❷ (25ページ)

(1) ① 将《まさ》に以《もっ》て吾《わ》が国《くに》を利《り》すること有《あ》らんとするかと。
④ 未《いま》だ仁《じん》にして其《そ》の親《おや》を遺《す》つる者《もの》有《あ》らざるなり。
(2) ② どうやってわが国に利益をもたらすかと、
③ 奪わなければ満足しない。

解説

(1) ① 「**将**」は再読文字。二度目は、「**有→将→乎**」の順で読む。従って、「**する**」はサ変動詞「**す**」の連体形だから、「**乎**」は「**か**」と読む。会話文の最後を表す「**ト**」がついていることに注意する。書き下し文にも「**と**」を表記する。
④ 「**未**」が再読文字。「**而**」は助字だから、書き下し文では書かない。ここは孟子が恵王に説明しているところであるから、最後の「**也**」は断定の助動詞「**なり**」と読む。疑問の助字でないことに注意する。
(2) ② 「**何を以て**」が疑問詞。③は二つの否定語がある。なお、②は文末に「**――ト**」とあることに注意し、口語訳にも反映させる。

読み方 孟子《もうし》梁《りょう》の恵王《けいおう》に見《まみ》ゆ。王《おう》曰《い》はく、「叟《そう》、千里《せんり》を遠《とお》しとせずして来《く》る。亦《また》将《まさ》に以《もっ》て吾《わ》が国《くに》を利《り》すること有《あ》らんとするか。」と。孟子《もうし》対《こた》へて曰《い》はく、「王《おう》何《なん》ぞ必《かなら》ずしも利《り》と曰《い》はん。亦《また》仁義《じんぎ》有《あ》るのみ。王《おう》は何《なに》を以《もっ》て吾《わ》が国《くに》を利《り》せんと曰《い》ひ、大夫《たいふ》は何《なに》を以《もっ》て吾《わ》が家《いえ》を利《り》せんと曰《い》ひ、士《し》・庶人《しょじん》は何《なに》を以《もっ》て吾《わ》が身《み》を利《り》せんと曰《い》はば、上下《しょうか》交々《こもごも》利《り》を征《と》りて国《くに》危《あや》ふし。(中略)苟《いや》しくも義《ぎ》を後《あと》にして利《り》を先《さき》にするを為《な》さば、奪《うば》はずんば饜《あ》かず。未《いま》だ仁《じん》にして其《そ》の親《おや》を遺《す》つる者《もの》有《あ》らざるなり。未《いま》だ義《ぎ》にして其《そ》の君《きみ》を後《あと》にする者《もの》有《あ》らざるなり。王《おう》も亦《また》仁義《じんぎ》と曰《い》はんのみ。何《なん》ぞ必《かなら》ずしも利《り》と曰《い》はん。」と。

口語訳 孟子は梁の恵王に面会した。王が言うことには、「老先生(孟子)は、千里の道のりも遠いと思わないでいらっしゃった。(老先生も)また(他の先生のように)これからわが国に利益をもたらす(策を)お授けくださるのでしょうか。」と。孟子が答えて言うことには、「王よ、どうして利益のことを言う必要があるのですか。また仁義を行うことがあるだけです。王はどうやってわが国に利益をもたらすかを言い、大夫はどうやって自分の家に利益をもたらすかを言い、士や庶人はどうやって自分自身に利益をもたらすかを言ったとしたら、治者も人民もお互いに利益の取り合いをして、国は危険な状態となるでしょう。(中略)仮にも義を軽視して、利益の追求を優先させるならば、(他人の持ちものを)奪わなければ満足しない(ということになるのです)。仁の心を持ちながら自分の親を見捨ててしまうような人は、これまでいたことがありません。(また)義の心を持ちながら自分の君主をないがしろにするような人は、これまでいたことがありません。王もまた仁義を言うだけにしてください。(国を治めるのに)どうして利益のことを言う必要がありましょうか。」と。

12　反語の句形①

解答 ❶ (26ページ)

①　B　②　A　③　A　④　B

解説

反語と疑問の句形の違いの最大の ポイントは、「――ン(ヤ)」で結ばれているかどうかにある。

①は「――**何ぞや**」、②は「――**患へんや**」、③は「――**知らんや**」、④は「――**好むと為す**」で結ばれている。

① 読 長者《ちょうじゃ》と期《き》して後《おく》るるは何《なん》ぞや。
訳 年長者と約束しておいて遅れるとはどうしてか。

② 読 君子《くんし》は何《なん》ぞ兄弟《けいてい》無《な》きを患《うれ》へんや。
訳 君子はどうして兄弟がいないことを気にかけることがあろうか、いや、気にかけることはない。

③ 読 誰《たれ》か烏《からす》の雌雄《しゆう》を知《し》らんや。
訳 だれがからすの雌雄を区別できようか、いや、だれも区別できない。

④ 読 弟子《ていし》孰《たれ》か学《がく》を好《この》むと為《な》す。
訳 弟子の中でだれが学問を好きだと思うか。

解答 ❷ (26ページ)

①　どうして行くのか。

②　どうして行こうか、いや、行かない。

解説

①が疑問、②が反語の句形である。反語の句形は「――**だろうか**」と問いかけておいて、「**いや、――でない**」と、それを否定する言い方である。従って、反語を口語訳する場合は「――**だろうか**」で止めると、疑問か反語かあいまいになる恐れがあるため、テストなどで**反語の句形を口語訳**する場合は、「**――か、いや、――でない**」と訳すように心がけること。

読 ① 何《なん》ぞ行《い》く。　② 何《なん》ぞ行《い》かん。

解答 ❸ (26ページ)

① 読 我《われ》何《なん》ぞ渡《わた》ることを為《な》さん。
訳 (私は)どうして川を渡ることをしようか、いや、渡ることはしない。

② 読 人生《じんせい》古《いにしえ》より誰《たれ》か死《し》無《な》からん。
訳 (人生において)昔からだれが死なないことがあるだろうか、いや、だれも死なないことはない。

③ 読 鶏《にわとり》を割《さ》くに焉《いず》くんぞ牛刀《ぎゅうとう》を用《もち》ゐんや。
訳 (鶏をさばくのに)どうして牛を殺す刀を使う必要があろうか、いや、使う必要はない。

④ 読 子安《しいず》くんぞ能《よ》く之《これ》が足《あし》を為《つく》らん。
訳 (あなたは)どうしてこれの足を描き上げられるだろうか、いや、描き上げることはできない。

⑤ 読 夷狄《いてき》の楽《がく》、何為《なんす》れぞ此《ここ》に於《お》いてせん。
訳 (夷狄の音楽を、)どうしてここで演奏することがあろうか、いや、演奏することはない。

いずれも反語の句形である。「——か、いや、——でない」という訳し方を忘れないこと。

解説

①の「**為**」には、いろいろな読み方とそれにともなう訳し方がある。主なものをあげると、

。**なス**—する・行う・思う　。**つくル**—作る
。**なル**—成る　。**をさム**—治める・習う
。**ためニ**—〜のために(理由)　。**たリ**—〜である(断定)
。**る・らル**—受身の句形(34ページ)　などがある。

②の「**自《よ》リ**」は助詞にあたるから、書き下し文ではひらがなにする。「**古**」は一語で「**いにしえ**」と読む。「**誰カ**」は、「**たれか**」と読む。「**だれか**」と読まないように注意する。「**誰**」を「**だれ**」と読むようになったのは江戸時代以降である。漢文は江戸時代以前に日本に入って来たので、「**たれ**」という読み方が残ったのである。

③の「**焉**」を「**安**」と同じように「**いずクンゾ**」と読むことは覚えておくこと。「**用ヰンヤ**」の「**ヰ**」は、ひらがなで書くと「**ゐ**」となる。五十音図のワ行は、「**ワ・ヰ・ウ・ヱ・ヲ**」で、ひらがなにすると「**わ・ゐ・う・ゑ・を**」となる。

④の「**為**」は、「**つくル**」と読み、作る意であるが、ここは、前後の文脈から、語注にあるように「**描き上げる**」と訳す。

⑤の「**之**」は、助詞の「**の**」にあたるから、書き下し文ではひらがなにする。

13　反語の句形 ②

解答　❶(28ページ)

① 人可《ケン》レ不《ル》レ勉《メ》乎。

訳　(人は)努力しないでよいだろうか、いや、よくない。

② 不仁者《ハ》可《ケン》ニ与《ニ》言《フ》一哉。

訳　(徳のない人とは)ともに語り合うことができようか、いや、できない。

③ 帝力何《ゾ》有《ラン》レ我《ニ》哉。

訳　(天子の力など)どうして私に関係があろうか、いや、関係がない。

④ 王侯将相寧《クンゾ》有《ラン》レ種乎。

訳　(王や諸侯や将軍や宰相になる者に)どうして血すじが関係あろうか、いや関係ない。

⑤ 何為《レゾ》不《ラン》レ去《ラ》也。

訳　どうして去らないのか、いや、去らないことがない。

解説

①は「**可《ケン》——乎**」、②は「**可《ケン》——哉**」で反語の句形。反語の助字は疑問のときと同じように、「**乎**」以外にも「**邪・也・哉・耶**」なども用いられているので注意する。反語の場合は、どの字も「**——や**」と読む。「**可《ケン》ニ——一乎(哉)**」が「**——べケンや**」と読む反語で、意味には不可能と不許可があることは覚えておく(本冊29ページ上段)。

①は不許可、②は不可能の意味である。

②の「**与**」の主な読み方と訳し方をあげると、

。**ともニ**—ともに・いっしょに　。**あたフ**—与える
。**くみス**—味方になる　。**あづかル**—関係する・参加する

。**と**―〜と・および「Aト与レB」の形で出てくることが多い。などがある。

⑤の「**也**」は、「**乎**」などと同じ反語の助字である。

解答 ❷（29ページ）
① 何ゾ傷マン乎。 ② 悪クンゾ成サンレ名ヲ乎。

解説

①・②とも、反語の助字「**乎**」を「**や**」と読む。反語は「**――ン ヤ**」になることを覚えておくと、送り仮名をつける設問に十分対応できるから、必ず暗記してしまおう。

読 ① 何《なん》ぞ傷《いた》まんや。 ② 悪《いず》くんぞ名《な》を成《な》さんや。

14 反語の句形③

解答 ❶（30ページ）
① どうして報酬を望もうか、いや、望まない。
② どうして命令をきかないことがあろうか、いや、必ず命令をきく。
③ どうして廉将軍を恐れようか、いや、恐れない。
④ なんと重要ではないか。

解説

①は「**豈――乎**」、②は「**敢不――**」、③は「**独――哉**」が反語の句形。④は、本冊31ページの上段でも触れておいたように、「**不亦――乎**」で詠嘆（感嘆）の意味に訳すことが一般的で、「**なんと――ではないか**」という訳し方にも慣れるようにしておく。なお、④の「**亦**」は、一字で「**また**」と読んでいるが、類書によっては「亦タ」と「夕」を送り仮名として扱っているものもある。どちらでもよいが、迷ったら学校で使用している漢文の教科書に従うといい。

解答 ❷（31ページ）
(1) 如《も》し博《ひろ》く民《たみ》に施《ほどこ》して、能《よ》く衆《しゅう》を済《すく》ふ有《あ》らば、いかん。
(2) ② どうして仁を問題とするだろうか、いや、問題としない。
③ どうして先生を知ることがないなどと言うことがあるだろうか、いや、知ることがないなどと言うことはない。
(3) 不レ怨ミレ天ヲ、不レ尤メレ人ヲ。

解説

(1)「**於**」と「**而**」は置き字だから書き下し文では読まない。返り点の「上」は、まずレ点に従って「**衆→済**」へ返って読み、次に上下点に従って「**済→有**」へ返って読む。「**如何**」は、書き下し文では漢字のままでいいが、設問の条件に従い、ここではひらがなにする。

(2) ②「**何ぞ――ん**」が反語の句形になる。「**於**」は置き字。
③「**何為れぞ――ん**」が反語の句形。「**莫**」は「**無**」と同じ。「**論語**」で「**子**」と出てきたら「**先生＝孔子**」のことをさす。③の大意は、だれでも先生のことを知っている、ということだが、反語の口語訳を答えるときは、「**――だろうか、いや、――でない**」という言い方に合わせて訳するように心がけること。

(3) 書き下し文の「**ず**」は、漢文では打消の助動詞にあたる「**不**」になるから、「**不**」には送り仮名をつけない。

読み方　Ⅰ　子貢曰《しこうい》はく、「如《も》し博《ひろ》く民《たみ》に施《ほどこ》して、能《よ》く衆《しゅう》を済《すく》ふ有《あ》らば、何如《いかん》。仁《じん》と謂《い》ふべきか。」と。子曰《しい》はく、「何《なん》ぞ仁《じん》を事《こと》とせん。必《かなら》ずや聖《せい》か。尭《ぎょう》・舜《しゅん》も其《そ》れ猶《な》ほ諸《これ》を病《や》めり。夫《そ》れ仁者《じんしゃ》は、己立《おのれた》たんと欲《ほっ》して人《ひと》を立《た》て、己達《おのれたっ》せんと欲《ほっ》して人《ひと》を達《たっ》す。能《よ》く近《ちか》く譬《たと》へを取《と》る。仁《じん》の方《ほう》と謂《い》ふべきのみ。」と。

Ⅱ　子曰《しい》はく、「我《われ》を知《し》ること莫《な》きかな。」と。子貢曰《しこうい》はく、「何為《なんす》れぞ子《し》を知《し》ること莫《な》からんや。」と。子曰《しい》はく、「天《てん》を怨《うら》みず、人《ひと》を尤《とが》めず、下学《かがく》して上達《じょうたつ》す。我《われ》を知《し》る者《もの》は其《そ》れ天《てん》か。」と。

口語訳　Ⅰ　子貢が言うことには、「もし広く民衆に(恩恵を)施して、(苦しみから)民衆を救うことができる人があれば、どうでしょうか。仁者と言うことができるでしょうか。」と。

先生が言うことには、「(もしそういう人がいたら)どうして仁を問題とするだろうか、いや、問題としない。(仁者どころか)きっと聖人と言えるだろう。(かつて理想的な帝王と言われた)尭帝や舜帝も(このことについては)心を悩ましたであろう。(それほど大事なことであるから、ここではこのことではなく、仁について私の考えを述べよう。)そもそも仁者は、自分の立身を願って人をも立身させ、自分の昇進を願って人をも昇進させる(人のことを言うのだ)。このように身近かに自分の身と引きくらべて(相手をも立てる)行為をすることができる。これが仁のやり方と言うものである。」と。

Ⅱ　先生が言うことには、「私を知ってくれるものはないのだなあ。」と。子貢が言うことには、「どうして先生を知ることがないなどと言うことがございましょうか、いや、知ることがないなどと言うことはありません。〔＝先生の評判はだれでも知っているということ〕」と。先生が言うことには、「(人に知られないからといって)天を恨んだり、他人をとがめたりしないで、身近なことを学んで、(次第に)上級の(天の)ことに達してきた。私のことを知ってくれる者はほんとうに天だけだろうなあ。」と。

15　使役の句形

解答 ❶ (32ページ)

① 使ム二子路ヲシテ問ハレ之ヲ。〔たずねさせる〕
② 令ム二四面ノ騎ヲシテ馳セ下ラ一。〔駆け下りさせる〕
③ 我教ム三人ヲシテ往カ二呉・楚ニ一。〔行かせる〕

解説

いずれも「**Aヲシテ B(セ)しム**」の句形。①は「**使**」、②は「**令**」、③は「**教**」を使役の助動詞にあたる「**しム**」と読むとよい。口語訳は「**AにBさせる**」の「**Bさせる**」の部分にあたるところを答える。

読
① 子路《しろ》をして之《これ》を問《と》はしむ。
② 四面《しめん》の騎《き》をして馳《は》せ下《くだ》らしむ。
③ 我人《われひと》をして呉《ご》・楚《そ》に往《ゆ》かしむ。

解答 ❷ (33ページ)

① 使ム二人ヲシテ知ラレ己ヲ。
② 遣ム三蘇武ヲシテ使ヒセ二匈奴ニ一。
③ 命ジテ二故人ニ一書セシムレ之ヲ。
④ 説キテ二夫差ニ一赦サシムレ越ヲ。
⑤ 燕資シテレ之ニ、以テ至ラシムレ趙ニ。

解説

①と②は、「**Aヲシテ B(セ)シム**」の句形。③は「**Aニ命ジテ B(セ)シム**」、④は「**Aニ説キテ B(セ)シム**」の句形。⑤は、使役を表す漢字はないが、文意から使役に読む。書き下し文の「**至らしむ**」の部分に使役の助動詞が使われているから、「**至**」の送り仮名を「**ラシム**」とするとよい。

なお、②の書き下し文中の「**使ひ**」に気をつける。「**使**」の送り仮名を「**使イセ**」とすると正解にならない。送り仮名は歴史的仮名遣いであることを忘れないこと。

16 受身の句形

解答 ❶ (34ページ)

① (a) 読 疑《うたが》はれ　訳 疑われ
(b) 読 誹《そし》らる　訳 非難される
② 読 人《ひと》に制《せい》せらる　訳 他人に支配される
③ 読 朋友《ほうゆう》に信《しん》ぜられず　訳 友人に信用されない
④ 読 人《ひと》の欺《あざむ》く所《ところ》と為《な》る　訳 人にだまされる

解説

①は、(a)の「**見**」と(b)の「**被**」が受身の助字。(a)は読点で終わっているので、終止形でなく連用形で下に続いていることに注意する。「疑はる」ではない。口語訳も下へ続くような訳し方をする。

②の「**於**」と③の「**乎**」が、受身を表す置き字。従って上の用言(②は「**制**」、③は「**信**」)に「**——らる**」をつけて読む。③の「**信**」は、文語の動詞は「**信ず**」が終止形で、未然形接続の「**らる**」に続く場合は「**信ぜらる**」になる。「信じられる」は口語。

④は、「**為ニAノ所レBスル**」の形。何度も声を出して読んで、言い方を暗記してしまう。

① 読 信《しん》にして疑《うたが》はれ、忠《ちゅう》にして誹《そし》らる。
訳 誠を尽くしても疑われ、真心を尽くしても非難される。
② 読 窮《きゅう》する者《もの》は常《つね》に人《ひと》に制《せい》せらる。
訳 困窮している者はいつも他人に支配される。
③ 読 朋友《ほうゆう》に信《しん》ぜられず。
訳 友人に信用されない。
④ 読 人《ひと》を欺《あざむ》く者《もの》は、却《かえ》って人《ひと》の欺《あざむ》く所《ところ》と為《な》る。
訳 人をだます者は、かえって人にだまされる。

解答 ❷ (35ページ)

① 三タビ仕ヘ三タビ見レ逐ハ二於君ニ一。
② 所レ殺サシ者ハ赤帝ノ子也。
③ 辱シメラル二於奴隷人之手ニ一。
④ 為ル二烏ノ所ト一レ盗ムレ肉ヲ。
⑤ 恵王ニ不レ用ヰラレ。

解説

①は、「**見**」が受身の助字で、「**逐はる**」の「**る**」にあたる。

②は、「**所**」が受身の助字で、「**殺されし**」の「**れ**」にあたり、「**し**」は送り仮名になる。「**子なり**」の「**なり**」は、文末の「**也**」であるから、「**子**ナリ」と送り仮名をつけないこと。

③は、「**於**」が受身を表す置き字で、上の用言(辱)に「**——ラル**」の送り仮名をつけ加える。「**辱《はずかし》む**」は下二段動詞で、その未然形に「**——ラル**」がついて「**辱めらる**」となる。「**之**」は助詞の「**の**」にあたるから、「奴隷人ノ」と送り仮名をつけない。

④は、「為ル二Aノ所トレBスル一」の形。Bの部分にあたるのが「盗レ肉」である。

⑤は、「採用されない」と受身に読む漢文。書き下し文の「用ゐられず」がその部分にあたる。「ゐ」をかたかなでは「ヰ」と書くことは覚えておく。

17 比較・選択の句形

解答 ❶ (36ページ)

① 読 (其《そ》の道《みち》を聞《き》くや、)吾《われ》よりも先《さき》なり。
訳 (人としての道を聞いた点では、)私よりも先だ。

② 読 (地《ち》の利《り》は)人《ひと》の和《わ》に如《し》かず。
訳 (地勢の有利さは)人心の和には及ばない。

③ 読 (衣《ころも》は)新《あたら》しきに若《し》くは莫《な》し。
訳 (着物は)新しいのが一番だ。

④ 読 (寧《むし》ろ人我《ひとわれ》に負《そむ》くとも、)我人《われひと》に負《そむ》くこと毋《な》かれ。
訳 (いっそ人が自分を裏切っても、)自分が人を裏切るな。

解説

①は、「乎」が比較の置き字。下の体言(ここは「吾」)に「ヨリモ」と送り仮名をつける。「吾ヨリ」でもよい。

②は、「Aハ不レ如カ二Bニ一」の句形。Aにあたるのが「地ノ利ハ」で、Bにあたるのが「人ノ和」になる。

③は、「莫レ若」が上段の「莫レ如」と同じ句形である。「若く」は動詞、「莫し」は形容詞になるから、書き下し文は「若くは莫し」と漢字のまま書くこと。訳は、「新しいのに及ぶものはない。」でもよい。

④は、「毋レ」は「無」と同じく「なカレ」と読み、禁止の意味を表す。

解答 ❷ (37ページ)

(1) ① 婦人《ふじん》の墓《はか》に哭《こく》する者有《ものあ》りて哀《かな》しげなり。
④ 苛政《かせい》は虎《とら》よりも猛《もう》なりと。

(2) ② 子路にこれをたずねさせて
③ どうして立ち去らないのか(と)

解説

(1) ①は、「於」と「而」は置き字だから書き下し文では書かない。返り点は、まず一二点に従って読み、次に上下点に従って読む。「哀シゲナリ」は最後に読む。

④は、送り仮名が省略されている。「Aハ C二ナリ 於 B一ヨリモ。」で比較の句形になる。「於」は置き字だから読まない。「苛政＝A／虎＝B／猛＝C」にあたる。

(2) ②は、「使ム二A ヲシテ B一セ」の使役の句形。「使メテ」という送り仮名に注意して、口語訳の結び方を決める。

③の「何為レゾ」は疑問の句形である。「何為レゾ不レランラ去也ヤ。」となると反語になる。「と」をカッコでくってあるのは、会話文の終わりの「ト」まで含めた口語訳の一般的な方法に従った。

読み方　孔子泰山《こうしたいざん》の側《かたわら》を過《す》ぐ。婦人《ふじん》の墓《はか》に哭《こく》する者有《ものあ》りて哀《かな》しげなり。夫子式《ふうししょく》して之《これ》を聴《き》き、子路《しろ》をして之《これ》を問《と》はしめて曰《い》はく、「子《し》の哭《こく》するや、壱《いっ》に重《かさ》ねて憂《うれ》へ有《あ》る者《もの》に似《に》たり。」と。而《すなわ》ち曰《い》はく、「然《しか》り。昔者吾《むかしわ》が舅虎《きゅうとら》に死《し》せり。吾《わ》が夫又焉《おっとまたこれ》に死《し》せり。今吾《いまわ》が子又焉《こまたこれ》に死せり。」と。夫子《ふうし》曰《い》はく、「何為《なんす》れぞ去《さ》らざるや。」と。曰《い》はく、「苛政無《かせいな》ければなり。」と。夫子《ふうし》曰《い》はく、「小子之《しょうしこれ》を識《しる》せ。苛政《かせい》は虎《とら》よりも猛《もう》なり。」と。

口語訳　孔子が泰山のそばを通り過ぎた。(そのとき)婦人が墓の前で大声で泣く者がいて、(いかにも)悲しそうであった。孔子は(乗っている)車の前の横木に手をかけて会釈をしながら、この泣き声を聞き、(孔子の門人の)子路にこれをたずねさせて言うことには、「あなたの大声で泣く様子は、ひとえにたびたびの悲しみに出会った人のようだ。」と。すると(婦人が)言うことには、「その通りです。昔、私のしゅうとが虎に(殺されて)死にました。夫もまた虎に(殺されて)死にました。今度は、私の子どもがまた虎に(殺されて)死にました。」と。(これを聞いた)孔子が言うことには、「(こんな危険な土地から)どうして立ち去らないのか。」と。(婦人が)言うことには、「(この土地には)人民に対する厳しい政治がありません。」と。(そこで)孔子が(門弟に向かって)言うことには、「弟子たちよ、このことを覚えておきなさい。厳しい政治は、(人殺しの)虎よりも恐ろしいものなのだ。」と。

18　限定の句形

解答　❶ (38ページ)

① (父母《ふぼ》は)唯《た》だ其《そ》の疾《やまい》を之《こ》れ憂《う》ふるのみ。
② 惟《た》だ仁者《じんしゃ》のみ(能《よ》く人《ひと》を好《この》み、能《よ》く人《ひと》を悪《にく》む。)
③ (今《いま》)独《ひと》り臣《しん》のみ船《ふね》有《あ》り。
④ 口耳《こうじ》の間《かん》は、四寸《よんすん》のみ。
⑤ (放辟邪侈《ほうへきじゃし》、)為《な》さざる無《な》きのみ。
⑥ (書《しょ》は)以《もっ》て姓名《せいめい》を記《き》すに足《た》るのみ。
⑦ (夫子《ふうし》の道《みち》は)忠恕《ちゅうじょ》のみ。
⑧ (名《な》を好《この》まざる者《もの》は、)惟《た》だ公一人《こういちにん》のみ。

解説

①は、「**唯ダ——ノミ**」の形。「**ノミ**」は「**憂フル**」のところにつける。

②は、「**惟ダ——ノミ**」の形。「**仁者ノミ**」となる。「**ノミ**」は、必ずしも文末につくわけではない。限定の意味がどこまでかかっているかで、「**ノミ**」をつける場所が決まる。

③は、「**独リ——ノミ**」の形。「**タダ——ノミ**」の形に比べて、出てくる割合は極端に少ない。

④は、文末の「**耳**」が限定を表している。「**耳**」を「**のみ**」と読む場合は、助詞にあたるから書き下し文ではひらがなにする。

⑤は、「**已**」が限定の形。「**無レ不レ**——」が二重否定の形になっていることにも注意する。ふつうは「——**ざるなし**」と読むが、ここでは文末の「**已**」に続けて読まなければならないので、「——**ざる無きのみ**」と「**無し**」の連体形「**無き**」に「**のみ**」を続けて読む。

⑥は、「**而已**」が、⑦は「**而已矣**」が限定の形になり、それぞれを「**のみ**」と読む。

⑧は、「**惟ダ——而已**」で、限定の副詞「**惟**」と限定の助字「**而已**」の組み合わせになっている。この場合も「**惟**」一字だけの限定と同じく「**ただ——だけだ**」と訳すとよい。

それぞれの——線部の送り仮名は、次の通り。(④・⑥・⑦にはつけ加える送り仮名はない。)

① 唯ダ其ノ疾ヲ之レ憂フルノミ。
② 惟ダ仁者ノミ
③ 独リ臣ノミ有リレ船。
⑤ 無キレ不ルレ為サ已。
⑧ 惟ダ公一人而已。

19 仮定の句形

解答 ❶ (40ページ)

① 如シ至二ラバ乎大病一ニ、……
② 学若シ不レンバ成ラ……
③ 苟シクモ有レラバ過チ、……
④ 縦ヒ我不レトモ往カ、……

解説

①は、「如」の仮定は、「如シ〜未然形＋バ」であるから、「至る」の未然形「至ら」に「ば」をつける。

②は、「若」が「如」と同じように仮定を表す副詞になる。「不」が「バ」につくと、「ずバ」となるところであるが、漢文では「ずんば」と言う場合が多い。漢文口調として覚えておく。なお、形容詞「無し」に「バ」がつくと、「無くんば」と言うことも多い。

③は、「苟シクモ〜未然形＋バ」で仮定を表す。ラ変動詞「有リ」の未然形は「有ラ」である。

④は、「縦」の送り仮名は「たとイ」ではなく「たとヒ」であることに注意する。

読
① 如《も》し大病《だいびょう》に至《いた》らば、則《すなわ》ち之《これ》を如何《いかん》せん。
② 学《がく》若《も》し成《な》らずんば死《し》すとも還《かえ》らず。
③ 苟《いや》しくも過《あやま》ち有《あ》らば、人必《ひとかなら》ず之《これ》を知《し》る。
④ 縦《たと》ひ我往《われゆ》かずとも、子何《しなん》ぞ来《き》たらざる。

解答 ❷ (41ページ)

① 臣《しん》をして之《これ》を用《もち》ひしめば、(則《すなわ》ち君反《きみかえ》って臣《しん》に制《せい》せらる。)
② 朝《あした》に道《みち》を聞《き》かば、夕《ゆうべ》に死《し》すとも可《か》なり。
③ 力《ちから》を并《あわ》せて西《にし》に向《む》かはば、(秦必《しんかなら》ず破《やぶ》れん。)

解説

①は、「使」があるから使役形を用いて仮定に読む。「AヲシテB(セ)しメバ」にあてはめると、「A＝臣／B＝用ヒレ之ヲ」となり、あとは「使」に「使メバ」と送り仮名をつけると仮定になる。なお、問いには関係ないが、ここの「制セラル二於臣一ニ」は、「於」(置き字)を使った「Bセラル二於A一ニ」という受身の代表的な句形であることにも注意しておこう。

②と③は、文意から仮定に読む。②は、「聞」という動詞を仮定に読む。「未然形＋バ」だから、「聞かば」となる。

③は「向」という動詞を仮定に読む。「向かふ」の未然形は「向かは」で、それに「ば」をつけて「向かはば」で仮定になる。

20 抑揚の句形

解答 ❶ (42ページ)

① 読 禽獣《きんじゅう》すら恩《おん》を知《し》る、而《しか》るを況《いわ》んや人《ひと》においてをや。
訳 鳥や獣〔でさえも〕恩を知っているのだ、それなのに〔まして人はなおさら恩を知っているのだ。〕
② 読 臣《しん》、死《し》すら且《か》つ避《さ》けず、卮酒《ししゅ》安《いず》くんぞ辞《じ》するに足《た》らんや。
訳 私は、死〔でさえも〕恐れないのだ、〔どうして一杯の酒を辞退しようか、いや、辞退しない。〕

解説

①は、「AスラB、況ンヤCヲ乎」の形で、禽獣スラ知レル恩ヲ、(而)況ンヤ於イテヲ人ニ乎。となる。

「而《ルヲ》」は接続詞のはたらきをしているので、書き下し文では「而るを」と表記する。「於」は「～において」の形で助詞のように用いられているので、書き下し文ではひらがな書きでよい。もともとは「オキテ」の音便形のため、「～に於いて」と漢字で表記しても間違いではない。送り仮名の「ヲ」は、ひらがなでは「を」となることに注意する。

②は、「A《スラ》且《ツ》B、安《クンゾ》C《センヤ》」の形で、上段の③の「乎」が省略されている形。「乎」の代わりにCに「ヤ」の送り仮名がついている。

(臣、)死《スラ》且《ツ》不レ避《ケ》、(卮酒)安《クンゾ》足《ランヤ》レ辞《スルニ》。となる。

「安」以下の反語の句形の訳し方に細心の注意を払う。「どうしてCしようか」で終わらせないで、必ず「いや、Cしない」まで答えるよう習慣づけること。

解答 ❷（43ページ）

(1) 有《リ》下以《テ》二千金《ヲ》一使《ム》三涓人《ヲシテ》求《メ》二千里《ノ》馬《ヲ》一者上。

(2) ② 死んだ馬でさえも買うのだ。まして生きている馬はなおさら買うのだ。

③ まして隗よりも立派な人は、どうして千里を遠いと思うだろうか、いや、遠いとは思わない(と)。

解説

(1) 「**涓人をして千里の馬を求めしむる**」の部分が、「**使《ム》**二 **A《ヲシテ》** **B《(セ)》**一」の使役の句形(本冊32ページ)になっている。

有以千金使涓人求千里馬者。

書き下し文の文末の「**者有り**」は、「**以～馬**」をはさんで「**者**」から「**有**」に返っている。途中で一二三点を使っているので、「**者**」から「**有**」へは上下点を使う。

(2) ②は、「**A《スラ》且《ツ》B、況《ンヤ》C《ヲ》乎。**」の形で、

死馬《スラ》且《ツ》買《フ》レ之《ヲ》。況《ンヤ》生《ケル》者《ヲ》乎。となる。

これを、「AでさえもBだ、ましてCはなおさらBだ」に従ってA・B・Cを当てはめていく。

③の「**於**」は比較を表す置き字(本冊36ページ)のため、下の体言(**隗**)に「**ヨリモ**」と送り仮名がついている。「**豈《ニ》**――**哉《ン》**」で反語の句形(本冊30ページ)になっている。なお、解答の末尾が「……**思わない(と)**。」と「**と**」をカッコでくくってあるのは、会話文の終わりの「**ト**」まで含めた口語訳の一般的な方法に従った。

読み方 隗《かい》曰《い》はく、「古《いにしえ》の君《きみ》に千金《せんきん》を以《もっ》て涓人《けんじん》をして千里《せんり》の馬《うま》を求《もと》めしむる者《もの》有《あ》り。死馬《しば》の骨《ほね》を五百金《ごひゃっきん》に買《か》ひて返《かえ》る。君怒《きみいか》る。涓人《けんじん》曰《い》はく、『死馬《しば》すら且《か》つ之《これ》を買《か》ふ。況《いわ》んや生《い》ける者《もの》をや。馬今《うまいま》に至《いた》らん。』と。期年《きねん》ならずして、千里《せんり》の馬至《うまいた》る者三《ものさん》あり。今《いま》、王必《おうかなら》ず士《し》を致《いた》さんと欲《ほっ》せば、先《ま》づ隗《かい》より始《はじ》めよ。況《いわ》んや隗《かい》よりも賢《けん》なる者《もの》、豈《あ》に千里《せんり》を遠《とお》しとせんや。」と。是《ここ》において昭王隗《しょうおうかい》の為《ため》に改《あらた》めて宮《きゅう》を築《きず》き、之《これ》に師事《しじ》す。是《ここ》において士争《しあらそ》ひて燕《えん》に趨《おもむ》く。

口語訳 隗が(燕の昭王に)言うことには、「昔の君主に千金でもって御用係に一日に千里を走る名馬を求めさせた人がいました。(そこで御用係は)死んでしまった名馬の骨を五百金で買って帰って来ました。君主(の昭王)は怒りました。(それに対して)御用係が言うことには、『死んだ馬でさえも買うのです。まして生きている馬はなおさら買うのです。名馬は今に(向こうから売り込みに)やって来ます。』と。まる一年にならないうちに、千里を走る名馬が(昭王のもとに)やって来たのが三頭いました。今、王がぜひ賢人を招きたいと望むならば、まず(この)隗からお始めください。まして

隗よりも立派な人は(隗でさえ優遇されたのだからと)、どうして千里を遠いと思うでしょうか、いや、遠いとは思いません。」と。そこで昭王は隗のために改めて住居を作り、(隗を)先生と尊んで仕えた。そこで賢人が先を争って燕の国に集まって来た。

21 詠嘆(感嘆)の句形

解答 ❶ (44ページ)

① ああ、六国《りっこく》を滅《ほろぼ》せる者《もの》は六国《りっこく》なり。
② ああ、世事《せじ》然《しか》らざるは無《な》し。
③ 逝《ゆ》く者《もの》は斯《か》くのごときかな。
④ 我《われ》を知《し》るもの莫《な》きかな。

解説

①も②も書き下し文に直すときは、——線部は漢字のままでよいが、設問に「**ひらがなにする**」という条件があることに注意する。①の「**也**」、②の「**不**」は助動詞にあたるからひらがなにする。②の「**然ラ**」は、動詞「**然リ**」の未然形だから漢字表記にする。③の「**夫**」も④の「**也夫**」も、文末にある感動の助字「**哉**」と同じ用法。③の「**如キ**」は、比況の助動詞「**如シ**」の連体形だからひらがなにする。

解答 ❷ (45ページ)

① 読 何《なん》ぞ楚人《そひと》の多《おお》きや。
　 訳 なんと楚の国の人の多いことよ。
② 読 豈《あ》に誠《まこと》の大丈夫《だいじょうふ》ならずや。
　 訳 なんと立派な男子ではないか。
③ 読 亦遠《またとお》からずや。
　 訳 なんと遠いではないか。

解説

①は「**何**ソ——**也**」が、②は「**豈**　**不**ニ——**乎**」が、③は「**不**ニ**亦**——**乎**」が感動を表している。①の「**也**」を「**なり**」と読まないよう注意する。②の「**不**」→「**乎**」への読み方を、「**ざるや**」と「**不**」を連体形に活用させて読まないこと。

③の「**亦**」は、本によっては「**亦**タ」と「**タ**」を送り仮名にしている場合がある。本書では一字で「**また**」と読んでいるため、送り仮名は不要。ただし、ここの設問のように、「送り仮名を省略したところもある」とあれば、書き下し文を「**亦た**」としてもよい。

送り仮名を省略しているのは、①は「**何**ソ」、②は「**豈**ニ」の二箇所のみである。

解答 ❸ (45ページ)

どうして楚の国の人が多いのか。

解説

詠嘆(感嘆)に訳すか、疑問に訳すかの判断は、この文の前後の文脈による。ここのように、単独で出てきた場合は、どちらの訳も可能になる。

22 願望の句形

解答 ❶ (46ページ)

① 読 願《ねが》はくは学《まな》べ。　訳 どうか学んでください。
② 読 願《ねが》はくは学《まな》ばん。　訳 どうか学ばせてください。

解説

相手への願望を表す①は、文末を命令形にする。自分への希望を表す②は、文末を「――ン」で結ぶとよい。

解答 ❷ (46ページ)

① 読 願《ねが》はくは臣《しん》をして良臣《りょうしん》たらしめよ。
訳 どうか私に善良な臣下にさせてください。

② 読 請《こ》ふ戦《たたかい》を以《もっ》て喩《たと》へん。
訳 どうか戦争でたとえさせてください。

③ 読 庶《こいねが》はくは人《ひと》の笑《わら》ふ所《ところ》と為《な》るを免《まぬか》れん。
訳 どうか人に笑われるのをのがれたい。

④ 読 言《げん》に訥《とつ》にして行《ぎょう》に敏《びん》ならんと欲《ほっ》す。
訳 言葉は口べたでも行動は機敏でありたいと思う。

解説

①は、「**願**《ハクハ》――**使**《メヨ》」という願望の句形と同時に、「**使**《ム》二**A**《ヲシテ》**B**《セ》一」という使役の句形が含まれていることに注意する。また、文末が「**使**《し》**めよ**」と命令形になっているから、口語訳は相手への願望の訳し方になる。

②は、「**請**《フ》――《ン》」で自分の希望を表している。

③は、「**庶**」一字で「**こいねがハクハ**」と読む。「**為**《ル》二**A**《ノ》**所**《ト》レ**B**《スル》」という受身の句形が含まれていることに注意する。

④は、「**欲**《ス》二――《ント》一」で願望の句形。書き下し文は、一→二→上→中→下の順で読む。三つの置き字は読まない。

解答 ❸ (47ページ)

① 読 飲《の》まんと欲《ほっ》すれば 訳 飲みたいと思ったところ

② 読 君笑《きみわら》ふこと莫《な》かれ 訳 君よ、笑ってはいけない

解説

省略されている送り仮名もつけると、

① 欲《スレバ》レ飲《マント》　② 君莫《カレ》レ笑《フコト》

となる。

①の「**欲**」の送り仮名は、サ変動詞「**欲ス**」の已然形「**欲スレ**」に接続助詞「**バ**」がついたもの。

②の「**莫**」は「**莫**《カレ》二――一」で禁止の句形(本冊16ページ)。**解答**では「**君**」は一人として訳してあるが、広く世間一般の人々に呼びかけたものととらえ、「**世間の人・あなたがた**」などと訳してもよい。

ちなみに、この漢詩はほとんどの教科書に収録されていて、多くの高校生が目にする漢詩である。詩の形式は七言絶句で、「**杯**《ハイ》・**催**《サイ》・**回**《カイ》」が押韻している。

読み方

葡萄《ぶどう》の美酒《びしゅ》夜光《やこう》の杯《はい》
飲《の》まんと欲《ほっ》すれば琵琶《びわ》馬上《ばしょう》に催《もよお》す
酔《よ》うて沙場《さじょう》に臥《ふ》すとも君笑《きみわら》ふこと莫《な》かれ
古来征戦幾人《こらいせいせんいくにん》か回《かえ》る

口語訳

ぶどうで作った上等の酒を、夜光の杯(に満たし)、飲みたいと思ったところ、(ちょうどそのとき)琵琶を馬の背で演奏する者が(いて、酒宴に)興を添える。(酒を飲み過ぎて)酔いつぶれ、(この)砂漠の戦場に倒れ伏してしまっても、君よ、笑ってはいけない。昔から(遠くに)戦いに行って、何人が無事に帰って来ただろうか。